JN274783

PDF 構造解説

John Whitington 著
村上 雅章 訳

O'REILLY®
オライリー・ジャパン

本書で使用するシステム名、製品名は、それぞれ各社の商標、または登録商標です。
なお、本文中では™、®、©マークは省略しています。

PDF Explained

John Whitington

O'REILLY®
Beijing · Cambridge · Farnham · Köln · Sebastopol · Tokyo

© 2012 O'Reilly Japan, Inc. Authorized Japanese translation of the English edition of "PDF Explained". © 2012 John Whitington. This translation is published and sold by permission of O'Reilly Media, Inc., the owner of all rights to publish and sell the same.

本書は、株式会社オライリー・ジャパンがO'Reilly Media, Inc.との許諾に基づき翻訳したものです。日本語版についての権利は、株式会社オライリー・ジャパンが保有します。

日本語版の内容について、株式会社オライリー・ジャパンは最大限の努力をもって正確を期していますが、本書の内容に基づく運用結果について責任を負いかねますので、ご了承ください。

訳者まえがき

　PDF（Portable Document Format）はAdobe Systemsが開発、提唱している文書ファイルのフォーマットであり、インターネットの世界において「制作者の設計通りに文書の描画や印刷が可能なフォーマット」として最も普及しているものです。また、このフォーマットは出版業界でも採用されており、2008年7月には国際標準化機構によって承認（ISO 32000-1）されています。

　このようにPDFはわれわれの日常生活にとって欠かせないものとなっているうえ、その将来も約束されているものの、PDFファイルの内容がどうなっているのかはあまり知れ渡っていません。こういった状況を生み出している最大の理由はおそらく「800ページ近くにもなる分厚い仕様書」の存在でしょう。

　PDFは1993年に最初のバージョンがリリースされて以来、さまざまな機能が追加され、今日に至っています。このため、すべての機能を仕様として文書化するとこのような大部になってしまうわけです。こういった仕様書を読破し、全体像を把握することは容易ではありません。核となる概念が理解しやすい順に並べられているわけではないうえ、根幹が細々とした枝葉のなかに埋もれてしまっているのです。

　本書は、こういった問題を解決するためのものです。本書を先頭から読み進めるだけで、核となる概念を効率よく吸収でき、PDFというフォーマットの内部構造を理解することができるようになります。そして、pdftkというフリーウェアの力を借りることで、テキストエディタを使って手作業でPDFファイルを作成したり、プログラムから直接PDFファイルを出力できるようにもなります。

　なお、日本語テキストの取り扱いについては独立章（第6.5章）を設けて解説しています。この他、日本語版ならではの付録としてPDFドキュメント中にJavaScriptを埋め込む方法やデバッガーの使用方法、JavaScriptの埋め込みによって可能となる数々のハックを掲載しています。またPDFファイルの操作を行う際に重宝するさまざまなフリーウェアも紹介しています。

最後に本書の訳出にあたり、株式会社オライリー・ジャパン編集の赤池涼子氏には色々とお世話になりました。この場を借りて厚くお礼いたします。また、付録を執筆していただきました古籏一浩氏、千住治郎氏にも感謝いたします。

村上 雅章（masaaki.murakami@mac.com）
ニュージーランド・オークランド市
2012 年 5 月

まえがき

PDF（Portable Document Format）はトップクラスのページ記述言語であり、印刷時やオンライン閲覧時に用いられるファイル形式のなかでも王座に君臨しているものです。

PDF ドキュメントは印刷業界やドキュメント交換分野、電子書籍等、あちこちで見かけられます。しかし PDF は、技術畑の人間からさえも不透明で扱いにくく、理解しづらいものとして捉えられています。

その理由の一つに、ドキュメントの少なさを挙げることができます。ファイル形式のリファレンスは自由に利用できるものの、そのボリュームと複雑さゆえに、大多数の人々が敬遠してしまっているのです。

本書はそういったハードルを下げることを目標に執筆したものであり、PDF 形式について理解したいと考えている技術系の方、および PDF ドキュメントの作成／処理ツールを使用する方向けの書籍となっています。

本書の対象読者

本書は一般的な入門書であるとともに、そこかしこに技術的な要素を散りばめています。また、実際にテキストエディタから PDF ファイルの核となる部分を入力し、ツールを使って付帯情報を補記させ、完全な PDF ファイルを作成し、その表示を確認できるようにもしています。

本書は以下の方々を対象としています。

- Adobe Acrobat ユーザで、単なる使用方法よりも、その機能の背後にあるものを理解したいと考えている方々（例えば、暗号化のオプションやトリムボックス／クロップボックス、ページラベルなど）。

- コマンドラインツールを用いて PDF ドキュメントのマージや分割、最適化を行っているパワーユーザの方々。

- PDF ファイルの読み込みや編集、作成を行うコードを開発しているプログラマの方々。

- 一貫性あるシステムを構築するために、PDF のメタデータやワークフロー機能の使用方法を理解したいと考えている、検索や電子出版、印刷といった業界のプロフェッショナルの方々。

本書の構成
第 1 章：はじめに

この章では PDF 形式の歴史を解説し、大きな流れをまとめています。PDF が他の類似テクノロジを大きく凌駕している点について解説するとともに、PDF/X と PDF/A といった特殊な PDF 形態を紹介し、一般的な PDF ドキュメントを構成している各種の要素についても概観しています。また、PDF が業界でどのように活用されているのかについても解説しています。

第 2 章：簡単な PDF ファイルの作成

この章ではテキストエディタを使って、簡単な PDF ファイルをゼロから作成します。そして、ツールを使用してそのファイルを完全な PDF にファイルに変換し、PDF ビューアでオープンするまでの手順を解説します。また、ファイル内の各コンポーネントを解説するとともに、PDF ファイル中のさまざまな部分のシンタックスを見ていただきます。

第 3 章：ファイル構造

この章では PDF ファイルのレイアウトとその内容、そして内部で生成されるオブジェクトのシンタックスを解説します。またここでは、PDF ドキュメントがフラットなファイルから読み込まれ、構造的なデータに変換されるまでと、構造的なデータからフラットな構造のファイルへと書き出されるまでについて解説します。

第 4 章：ドキュメント構造

この章では PDF ファイルの細々したことは置いておき、オブジェクトの論理構造

を解説し、ページとそのリソースがどのようにドキュメント内で配置されているのかを解説します。

第5章：グラフィックス

この章ではPDF内におけるベクタグラフィックスとラスタイメージの描画方法、および透過性やカラースペース、パターンの取り扱い方法について解説します。その際には、コードの例と、PDFビューアの表示例もふんだんに使用しています。

第6章：テキストとフォント

この章ではさまざまなフォントやサイズでテキスト文字列を生成／表示するためのPDFのオペレータと、行やパラグラフの生成方法を解説します。また、PDFドキュメントにおけるさまざまなフォントとエンコーディングについて、そしてその定義方法や使用方法も含めて解説します。さらに、PDFドキュメントからテキストを抽出するプロセスについても解説します。

第6.5章：日本語の取り扱い

この章ではCIDフォントを使用して日本語テキストを表示させるための方法について解説します。

第7章：ドキュメントのメタデータとナビゲーション

この章では、しおりやメタデータ、ハイパーリンク、注釈、添付ファイルといったドキュメントの見た目とは直接関係のない付属的な話題を解説します。また、こういったもののPDF内での定義方法と例も紹介します。

第8章：ドキュメントの暗号化

この章ではPDFにおける暗号化手法とドキュメント権限の管理機能について解説し、Adobe Reader内での暗号化情報の検証方法を解説します。また、暗号化されたPDFファイルの読み込みや書き込み、編集を行うプログラムの動作も解説します。

第9章：pdftkを用いた作業

この章ではPDFファイルをコマンドラインから処理するためのpdftkというプログラムの簡単な使用方法について解説します。また、pdftkがドキュメントのマージ

や分割といった作業を行う際の内部処理についても解説します。

第10章：PDFソフトウェアとドキュメント
この章では閲覧や変換、編集、PDFファイルを取り扱うAdobeやオープンソースのソフトウェアを解説します。また、詳細なドキュメントの入手先と、サポート先やディスカッションフォーラムといったその他のリソースも紹介します。

謝辞
このプロジェクトを最初から熱狂的に支持してくれた編集者のSimon St. Laurent氏に感謝いたします。

本書の表記法
本書では以下の表記法を使います。

> **ゴシック（サンプル）**
> 初出の用語、強調を示しています。
>
> 等幅（`sample`）
> コード例、キーボードからの入力、プログラムの出力を示しています。
>
> 等幅の太字（**`sample`**）
> コード例中で特に強調したい場合に使います。
>
> 等幅のイタリック（`sample`）
> ユーザが指定する値や文脈によって決まる値に置き換えるべきテキストを示します。
>
> イタリック（*sample*）
> 欧文の書籍名を示します。

サンプルコードの入手
本書で使用しているすべてのコード例はO'Reillyのウェブサイト（http://oreilly.com/catalog/0636920021483）から入手できます。本書のテキストにはこういった例を再構築するために必要となる十分な情報が含まれています（ただし、暗号化され

たドキュメントは手作業での入力に適していないため除外されています)。

サンプルコードの使用

本書はあなたの目的を達成させるうえでの手助けとなることを願って執筆したものです。このため、あなたのプログラムやドキュメント中で本書のコード例を使用することは、たいていの場合において問題ありません。コード例のほとんどを流用するようなことがない限り、著者にコンタクトを取る必要はありません。例を挙げると、本書中のさまざまなコード片を使用してプログラムを記述する場合には、許諾の必要はありません。しかし、O'Reilly の書籍からコピーしてきた例を CD-ROM 等の形態で販売、配布する場合には許諾が必要となります。また、何らかの質問に答えるために、本書の一部やコード例を引用する場合、許諾は必要ありません。そして、本書のコード例から多くの部分を流用し、あなたの製品のドキュメントを作成する場合には許諾が必要となります。

また、必須ではないものの、出典を明確にしていただけると幸いです。その際には書籍タイトル、著者、出版社、ISBN を表記してください。例えば『*PDF Explained by John Whitington*』(O'Reilly). Copyright 2012 John Whitington, 978-1-449-31002-8.』というかたちになります。

コードの使用が公正な範囲や上述した範囲を超えていると感じた場合、permissions@oreilly.com までコンタクトしていただければ幸いです。

連絡先

本書に関するコメントや質問は以下までお知らせください。

　　株式会社オライリー・ジャパン
　　電子メール　　japan@oreilly.co.jp

『PDF Explained』の目次、正誤表、レビュー等については、以下のサイトを参照してください。

　　http://oreilly.com/catalog/0636920021483（英語）

また、日本語版の目次、正誤表、サンプルコードについては以下のサイトを参照してください。

　　http://www.oreilly.co.jp/books/9784873115498/（日本語）

目 次

訳者まえがき v
まえがき vii

1章　はじめに 1
1.1　簡単な歴史 1
1.1.1　ページ記述言語 1
1.1.2　PDFの開発 2
1.1.3　PDFのメリット 3
1.1.4　ISO規格 4
1.1.5　特殊なPDF 5
1.1.6　各バージョンの概要 7
1.2　PDFファイルの内部はどうなっているのか？ 8
1.2.1　テキストとフォント 8
1.2.2　ベクタイメージ 9
1.2.3　ラスタイメージ 10
1.2.4　カラースペース 10
1.2.5　メタデータ 10
1.2.6　ナビゲーション 10
1.2.7　オプショナルコンテンツ 11
1.2.8　マルチメディア 11
1.2.9　対話型フォーム 12
1.2.10　論理構造と再フロー 12
1.2.11　セキュリティ 12
1.2.12　圧縮 13

	1.3	どういった人々が PDF を使うのか？ 13
		1.3.1 印刷業界 14
		1.3.2 電子書籍と出版 14
		1.3.3 PDF のフォーム 14
		1.3.4 文書のアーカイブ 15
		1.3.5 ファイルフォーマットとして 15
	1.4	便利な無償のソフトウェア 15

2章　簡単な PDF ファイルの作成 19

- 2.1 PDF の基本的なシンタックス 20
  - 2.1.1 ドキュメントコンテンツ 20
  - 2.1.2 ページコンテンツ 22
  - 2.1.3 ファイル構造 22
- 2.2 ドキュメント構造 23
- 2.3 要素を組み立てる 24
  - 2.3.1 ファイルヘッダ 25
  - 2.3.2 主となるオブジェクト 25
  - 2.3.3 グラフィックスコンテンツ 26
  - 2.3.4 カタログと相互参照テーブル、トレーラ 28
- 2.4 すべてをまとめる 28
- 2.5 補足 33

3章　ファイル構造 35

- 3.1 ファイルレイアウト 35
  - 3.1.1 ヘッダ 38
  - 3.1.2 本体 39
  - 3.1.3 相互参照テーブル 39
  - 3.1.4 トレーラ 40
- 3.2 字句規約 41
- 3.3 オブジェクト 42
  - 3.3.1 整数と実数 43
  - 3.3.2 文字列 43

	3.3.3	名前 45
	3.3.4	ブーリアン値 45
	3.3.5	配列 45
	3.3.6	辞書 46
	3.3.7	間接参照 46
3.4		ストリームとフィルタ 47
3.5		インクリメンタル更新 49
3.6		オブジェクトと相互参照ストリーム 50
3.7		直線化 PDF 50
3.8		PDF ファイルの読み込み方法 52
3.9		PDF ファイルの書き出し方法 53

4章 ドキュメント構造 55

4.1	トレーラ辞書 56
4.2	ドキュメント情報辞書 56
4.3	ドキュメントカタログ 58
4.4	ページとページリスト 59
4.5	テキスト文字列 62
4.6	日付 63
4.7	すべてをまとめる 64

5章 グラフィックス 69

5.1		コンテンツストリームの内容を覗いてみる 69
5.2		オペレータとグラフィックスの状態 72
5.3		パスの生成と塗りつぶし 73
	5.3.1	ベジェ曲線 75
	5.3.2	図形の塗りつぶしとワインディング規則 77
5.4		カラーとカラースペース 79
5.5		変換 82
5.6		クリッピング 84
5.7		透明度 85
5.8		シェードとパターン 86

	5.9	フォーム XObject 89
	5.10	イメージ XObject 91

6章　テキストとフォント 95

6.1	PDF におけるテキストとフォント 95
6.2	テキストの状態 96
6.3	テキストの印字 97
	6.3.1　テキストの選択 97
	6.3.2　テキスト空間とテキストの位置決め 98
	6.3.3　テキストの描画 99
6.4	フォントの定義と埋め込み 105
	6.4.1　PDF におけるフォントタイプ 106
	6.4.2　Type 1 フォント 107
	6.4.3　フォントのエンコーディング 109
	6.4.4　フォントの埋め込み 110
6.5	ドキュメントからテキストを抽出する 112
6.6	リソース 113

6.5章　日本語の取り扱い 115

6.5.1	サンプルコード 115
6.5.2	フォント辞書 119
	6.5.2.1　エンコーディング 120
6.5.3	CID フォント辞書 121
	6.5.3.1　CID システム情報 122
6.5.4	フォントディスクリプタ 122
6.5.5	ページのコンテンツ 123

7章　ドキュメントのメタデータとナビゲーション 125

7.1	しおりとデスティネーション 126
	7.1.1　デスティネーション 126
	7.1.2　ドキュメントアウトライン（しおり） 127
7.2	XML メタデータ 130

	7.3	注釈とハイパーリンク 131
	7.4	ファイルの添付 134

8章　ドキュメントの暗号化 137

	8.1	はじめに 137
	8.2	暗号化辞書 141
	8.3	暗号化されたドキュメントの読み込み 142
	8.4	ドキュメントの暗号化と書き込み 143
	8.5	暗号化されたドキュメントの編集 144

9章　pdftk を用いた作業 145

	9.1	コマンドラインシンタックス 145
	9.2	ドキュメントのマージ 146
		9.2.1　ファイルをマージした際に起こること 148
	9.3	ドキュメントの分割 149
		9.3.1　ファイルを分割した際に起こること 150
	9.4	スタンプと透かし 151
		9.4.1　スタンプを追加した際に起こること 151
	9.5	メタデータの抽出と設定 152
	9.6	ファイルの添付 154
	9.7	暗号化と復号化 154
		9.7.1　暗号化されたファイルの復号化 154
		9.7.2　ファイルの暗号化 155
	9.8	圧縮 156

10章　PDF ソフトウェアと参考文献 157

	10.1	PDF ビューア 157
		10.1.1　Adobe Reader 158
		10.1.2　プレビュー 158
		10.1.3　Xpdf 158
		10.1.4　GSview 158
	10.2	ソフトウェアライブラリ 159

		10.2.1	Java および C# 向けの iText 159
		10.2.2	PHP 向けの TCPDF 159
		10.2.3	Perl を用いた PDF の処理 160
		10.2.4	Mac OS X 上の PDF 160
	10.3	フォーマットの変換 160
		10.3.1	PDF から PostScript へ、またその逆への変換 161
		10.3.2	PDF のラスタ化によるイメージへの変換 161
		10.3.3	ファイルの印刷による PDF への変換 161
	10.4	PDF の編集 162
		10.4.1	Adobe Acrobat 162
		10.4.2	Mac OS X のプレビューを用いた編集 163
	10.5	PDF とグラフィックスの参考文献 163
		10.5.1	ISO 32000 と PDF ファイル形式 163
		10.5.2	PDF Hacks 164
		10.5.3	関連する話題 165
		10.5.4	フォーラムとディスカッション 165
		10.5.5	Adobe のウェブサイトにあるリソース 165

付録 A　JavaScript の埋め込み（古籏 一浩）..................................167

	A.1	埋め込みの基本 167
		A.1.1	文書アクションでの JavaScript 埋め込み 169
		A.1.2	フォームレベルの JavaScript 埋め込み 172
		A.1.3	ページレベルの JavaScript 埋め込み 176
		A.1.4	PDF 読み込み時の JavaScript 埋め込み 179
		A.1.5	一括して JavaScript を編集する 182
	A.2	JavaScript のデバッグ 183
		A.2.1	デバッガーの起動 183
	A.3	しおりを階層化テキストで書き出す 188
	A.4	閲覧期限を設定する 190
	A.5	閲覧回数を表示する 191
	A.6	フルスクリーンモードにする 193
	A.7	自動的にしおりを作成する 194

A.8	スライドショー	195
A.9	ゼロパディング	196
A.10	メニューの実行	198
A.11	アクション／バッチ処理	203
A.12	その他の JavaScript	207
A.13	JavaScript コードを一括して削除する	207

付録 B　電子書籍に便利なツール集（千住 治郎） ... 209

B.1	文字列を検索する—pdfgrep	209
	B.1.1　poppler ライブラリ	210
B.2	PDF を比較する—diffpdf	211
B.3	pdftk の GUI—pdfchain	212
B.4	WYSIWYG な PDF エディタ—pdfedit	213
B.5	PDF の版管理機能—pdfresurrect	214
	B.5.1　処理内容	215
	B.5.2　pdfresurrect の機能	216
	B.5.3　利用形態（案）	216
B.6	Perl の Text::PDF モジュール	216
B.7	電子書籍の管理—calibre	218

索引 ... 221

1章
はじめに

Portable Document Format（PDF）は、世界をリードするページ記述言語（プリンタにページを印刷するための指示言語）であり、印刷やオンラインでの閲覧といった用途に適しています。この章では、PDFの使用法、特徴、歴史を解説するとともに本書で使用する無償のソフトウェアやリソースについても紹介しています。

1.1 簡単な歴史

今日では、ドキュメントの品質を劣化させずに送受信することや、PCの画面上や用紙上でまったく同じように表現できることが当たり前になっています。しかし、昔はそういったことが常に可能というわけではありませんでした。

1.1.1 ページ記述言語

ドキュメントをビットマップ画像（TIFFやPNGなど）に変換すれば、1ページずつ他のユーザとやり取りしたり、プリンタで印刷することができます。しかし、それでは文書の構造を保っておくことができず、さまざまなサイズの用紙に印刷したり、解像度の異なるディスプレイに表示したりする際の拡大／縮小で品質を著しく劣化させるとともに、ファイルサイズも肥大化するという問題が出てきます。

PDFといった**ページ記述言語**（PDF：Page Description Language）は、高度な構造化データ（しばしば、印刷時の情報やテキストの注釈、表示方法、印刷方法といった、ドキュメントのさまざまな属性を指定する**メタデータ**も保持されます）を用いて、印刷物や画面上のページであるコンテンツ（テキストやグラフィックス）を記述するための言語です。こういった言語を用いることで、ドキュメントのラスタデータへの変換（つまり、プリンタや画面に出力できるようにするためのピクセルへの変換）を実際に出力する時点にまで遅延させることが可能になります。また、PDFファイルにはテキストとそのフォント定義、ベクタグラフィックスやビットマップグラ

フィックス、ナビゲーション（ハイパーリンクやしおりなど）、対話式フォームの情報を保持させておくこともできます。

PDFは、コンテンツの見た目を厳密に保ったうえで表示や印刷を行う必要のあるもの（広告や書籍の印刷など）であれば何にでも利用することができます。その一方で、表示や印刷の際にレイアウトを行うコンテンツや、ウェブページのようにページ幅によって流し込み処理をやり直すようなコンテンツには向いていません。こういった場合にはHTMLとCSSといった言語を組み合わせて、コンテンツとその表示方法を分離するのが一般的です。

1.1.1.1　その他のページ記述言語

固定フォントでテキストを印刷していた時代からデジタル技術を用いてグラフィックスを印刷する時代への過渡期には、数多くのページ記述言語が生み出されました。こういった言語はプリンタ側で処理され、適切な解像度のビットマップが生成される仕組みになっていたのです。当時に生み出されたページ記述言語の例を挙げるとPostScript（Adobe）やPCL（Hewlett Packard）、KPDL（京セラ）があります。またベクタプロッタでは、より単純な言語（Hewlett PackardのHPGLなど）が用いられていました。

こういった言語の複雑さや搭載機能は、言語によってさまざまとなっています。例えば、PostScriptファイルは完全なプログラムであり、プログラムの実行結果がドキュメントの視覚表現そのものになるようになっています。なお、多くのページ記述言語には、用紙サイズや両面印刷の指定といった、ページコンテンツ以外の情報を制御する命令も搭載されています。

1.1.2　PDFの開発

PDFの起源は、プラットフォームに依存しないドキュメント交換方法を創出するという、Adobeの内部プロジェクトにまで遡ることができます。当時はすでにPostScriptが普及していたものの、コンピュータの画面表示にPostScriptを使用することは現実的ではありませんでした。というのも、PostScriptはランダムなページアクセスが不得意だったためです（ドキュメントの50ページ目を描画するにはまず、1〜49ページを処理しなければならなかったのです）。このため、あらゆるコンピュータ上でドキュメントの表示が可能になることを目標に、PostScript言語のグラフィックス処理部分を抜き出し、それとドキュメントに必要とされる補助データを組

み合わせた構造化言語を生み出そうということになったわけです。

　PDF 1.0 は 1993 年に発表され、Acrobat Distiller（PDF ファイルの作成と編集を行うプログラム）と Acrobat Reader（PDF ファイルの表示のみを行うプログラム）という、いずれも有償のプログラムに搭載されました。そして米国国税庁は、PDF 形式の納税申告用紙を用意し、ユーザが無償で Acrobat Reader をダウンロードして利用できるよう、そのライセンスを買い取ったのです。その後、Acrobat Reader はすべてのユーザに対して無償提供されるようになり、オンラインでのドキュメント交換に広く PDF が用いられるようになったわけです。

　その後の 10 年間で、PDF は徐々に製版機能が強化され、印刷業界で主流となっていた PostScript の地位を奪うまでになりました。そして今日では、唯一の汎用ページ記述言語と言えるまでに成長したのです。

1.1.3　PDF のメリット

　業界標準の座を目指して多くのページ記述言語が乱戦を繰り広げていた頃、常に最強のものが戦いに勝つというわけではありませんでした——運が勝負の行方を大きく左右していたのです。とは言うものの、PDF は他の言語にはないメリットを数多く備えていました。ここでは、そういったメリットを見てみることにします。

1.1.3.1　ランダムアクセスと直線化

　PDF は PostScript とは異なり、ドキュメント内の任意のオブジェクト（ページやグラフィックスなど）を一定時間内にアクセスできるようになっています。つまり、150 ページ目でも 1 ページ目と変わらぬ速度で読み込めるわけです。また、**直線化**という機能が搭載されており、これによってファイル内のオブジェクトを並べ替え、ページの描画に必要となる情報すべてを隣接した場所にまとめておくことができます。このため、ウェブブラウザのウィンドウ内で Acrobat Reader が実行されている場合でも、PDF の特定ページをすぐさま表示できるわけです——ビューアはファイル全体を最初から読み込んでいく必要がなく、各ページを表示するために必要となるセクションだけをサーバから取得すればよいのです。

1.1.3.2　ストリーム生成とインクリメンタル更新

　ストリーム生成とは PDF フォーマットに内在している能力であり、ファイルを先頭から終わりに向けて順に書き込んでいくことで、利用可能なメモリよりも大きな

ファイルを作成できるようにするものです。

またインクリメンタル更新によって、ファイルを編集する際にファイルの既存部分を修正することなく、ファイルの終端以降に変更を付け加えていけるようになります。その結果、修正後のファイル保存が高速に行えるようになり、アンドゥ機能もこの仕組みを活用できるようになります（以前のバージョンを構成する部分は変更されないため）。

1.1.3.3 組み込みフォント

PDFで用いられるフォントはドキュメント自体に埋め込むこともできます。つまり、コンピュータ上にどういったフォントがインストールされているのかとは関係なく、常に意図通りの表示が行われるというわけです。またその際には、PDFドキュメントを作成するプログラム側で、不必要なフォントデータ（フォントメトリクスや使用していない文字など）を削除するため、ファイルが必要以上に肥大化する心配もありません。PDFは、TrueTypeやType 1といった、一般的なフォント形式をすべてサポートしています。

1.1.3.4 検索可能テキスト

ほとんどのPDFファイルには、テキストを構成する字形とUnicodeによる文字コードを対応付ける情報が保持されています。これにより、ドキュメントからのコピー＆ペーストや、テキストの検索が容易に行えるようになるわけです。また最近のPDFでは、ドキュメント中におけるテキストの論理的な順序を、ページ内のテキストのレイアウトとは別に格納できるようにすることで、より構造化された情報を残せるようになっています。

1.1.4 ISO規格

2008年に、国際標準化機構（ISO）からPDFのオープン標準がリリースされました。その内容（ISO-32000-1:2008）の大部分は、AdobeからリリースされたPDF規格と同じものになっています。

こういったPDFの公的な規格が制定され、基準が生み出されたことで、その普及にも拍車がかかるはずでした。しかし、規格に準拠しているかどうかを判定するような実装が存在しなかったため（Adobe Readerは規格から外れた形式のファイルもロードできるようになっていたため、他の多くのツールもそれに追随したのです）、

本当の意味での標準化はもう少し後になりました。

PDF ファイル形式についてのドキュメント

　PDF ファイル形式バージョン 1.7 は ISO 32000-1:2008 として文書化されており、有償（238 スイスフラン）ですが ISO (http://www.iso.org/iso/catalogue_detail?csnumber=51502) から CD と PDF 形式で入手できます。

　また、ほとんど同一のドキュメントである "Adobe PDF Reference, Sixth Edition, version 1.7" が Adobe PDF Technology Center (http://www.adobe.com/devnet/pdf.html) から PDF 形式でリリースされています。ISO で規格化されていない Adobe の拡張仕様についても、同ページから入手できます。

　残念ながら、印刷物としてのドキュメントは入手することができません。

1.1.5　特殊な PDF

　PDF 形式には特殊なバリエーションがいくつかあり、規格化され、現在も開発が続けられています。これらは PDF 形式のサブセットとなっており、それぞれのファイルは有効な PDF ファイルとして取り扱えるようにもなっています。ただ、使われている機能やコンテンツ自体に制約があるだけです。こういったもののうち、PDF/A と PDF/X は ISO 規格にもなっています。

1.1.5.1　PDF/A

　PDF/A 規格（ISO 19005-1:2005）は、図書館や公文書館、政府機関における長期保存文書用の規則を定義したものです。この規格には、埋め込みフォントやカラーマネジメントなどを特定の方法で使用する「準拠リーダー」も要求として含まれています。PDF/A の制約を簡単にまとめると、以下のようになります。

- 暗号化には対応しない。
- すべてのフォントが埋め込まれる。
- メタデータを記述する。
- JavaScript は使用しない。

- 機種に依存しないカラースペースのみを使用する。

- サウンドやビデオコンテンツを使用しない。

PDF/A には 2 つの準拠レベルがあります。PDF/A-1b (「レベル B 準拠」) では、ドキュメントの見た目を正確に再現することが求められます。PDF/A-1a (「レベル A 準拠」) では、ドキュメントの見た目を正確に再現することに加え、テキストが Unicode へと対応付けられ、テキストの順序と構造を文書化しておくことも求められます。

PDF/A Competence Center (http://www.pdfa.org/) は PDF/A の利害関係者を代表する業界団体です。現在、次の ISO バージョンが予定されています。

1.1.5.2 PDF/X

PDF/X 規格は、印刷業界におけるグラフィックス交換用の ISO 規格であり、その最新は PDF/X-5 (ISO 15930-8:2010) となっています。その制約は以下の通りです。

- すべてのフォントが埋め込まれる。

- すべての画像データが埋め込まれる。

- サウンドやビデオ、印刷不能な注釈は使用しない。

- フォームは使用しない。

- JavaScript は使用しない。

- 圧縮アルゴリズムに制約がある。

- 暗号化には対応しない。

さらに、いくつかの要求もあります。

- ファイルの識別は PDF/X であり、サブバージョンを記述する必要がある (例:PDF/X-5)。

- 通常のページサイズに加えて、BleedBox (裁ち切り)、TrimBox (トリム)、

および／あるいは ArtBox（装飾付き）のボックスが必要となる。こういったボックスによって、メディアのサイズや印刷可能領域、最終的な裁ち切りサイズといったものが定義される。

- ファイル内で**トラップ**が用いられている場合、フラグを設定しておく必要がある。トラップとはグラフィックスオブジェクト間で小さなオーバーラップ領域を作成する処理であり、これにより多色印刷時における色ずれの問題を解決することができる。

- ファイルには、印刷方法を指定するカラープロファイルを格納した**出力インテント**を含めておく必要がある。

1.1.6 各バージョンの概要

PDF は後方互換性を完全に保証しており、前方互換性も概ね保証しています。つまり、PDF 1.7 用のプログラムを使って PDF バージョン 1.0 に従ったドキュメントを読み込むことができると同時に、PDF 1.0 用のプログラムを使って PDF 1.7 に従ったドキュメントを読み込むことも（大体において）できるわけです。前方互換性の保証は、リーダーがサポートしていないコンテンツ部分については、リーダー側で無視するという取り決めによって実現されています。このため、新たな圧縮手法やオブジェクト格納メカニズムが使用されている部分だけは、前方互換性を保証できなくなるというわけです。2003 年にリリースされた PDF 1.5 以降、こういった変更は最小限に留められています。PDF のバージョンとその機能をまとめると、**表 1-1** のようになります。

表 1-1　PDF バージョン 1.0 から 1.7 Extension Level 8 までの機能

PDF の バージョン	Acrobat Reader のバージョン	リリース年	導入された機能の概要
1.0	1.0	1993 年	最初のリリース
1.1	2.0	1996 年	機種に依存しないカラースペース、暗号（40 ビット）、記事スレッド、名前付きデスティネーション、ハイパーリンク
1.2	3.0	1996 年	AcroForms（対話式フォーム）、ビデオ、サウンド、圧縮手法の追加、Unicode サポート

表 1-1　PDF バージョン 1.0 から 1.7 Extension Level 8 までの機能（続き）

PDF の バージョン	Acrobat Reader のバージョン	リリース年	導入された機能の概要
1.3	4.0	2000 年	カラースペースの追加、埋め込み（添付）ファイル、デジタル署名、注釈、マスクイメージ、階調塗りつぶし、論理ドキュメント構造、製版サポート
1.4	5.0	2001 年	透明度、128 ビット暗号、フォームサポートの充実、XML メタデータストリーム、タグ付き PDF、JBIG2 圧縮
1.5	6.0	2003 年	オブジェクトストリームや相互参照ストリームによるファイルの小型化、JPEG 2000 サポート、XFA フォーム、公開鍵暗号、暗号化手法のカスタマイズ、オプショナルのコンテンツグループ
1.6	7.0	2004 年	OpenType フォント、3D コンテンツ、AES 暗号、新たなカラースペース
1.7 （後の ISO 32000-1:2008）	8.0	2006 年	XFA 2.4、文字列の新たな種類、公開鍵アーキテクチャの拡張
1.7 Extension Level 3	9.0	2008 年	256 ビット AES 暗号
1.7 Extension Level 5	9.1	2009 年	XFA 3.0
1.7 Extension Level 8	X	2011 年	現在のところ仕様は未公開

1.2　PDF ファイルの内部はどうなっているのか？

　典型的な PDF ファイルの内部には、さまざまなメタデータや補助的なコンテンツとともに、大量のオブジェクトや複数の圧縮メカニズム、さまざまなフォント形式、ベクタグラフィックスやラスタグラフィックスが格納されています。ここでは、そういった要素をコンテキストごとに概観しています——なお、個々の詳細については後の章で取り扱います。

1.2.1　テキストとフォント

　PDF ファイルには、現在普及しているさまざまな形式のフォント（Type1 や

TrueType、OpenType、大昔からあるビットマップフォントなど）に対応付けられたテキストを保持できます。また、フォントファイルはドキュメント中に埋め込むこともできるため、必要な字形はいつでも取得でき、どのようなコンピュータでも同じように表示することが可能となっています。さらに、Unicode を始めとするさまざまな文字エンコーディングがサポートされています。

テキストは、どのような色やパターンででも塗りつぶすことができ、透明度も指定することができます。また、テキストの一部の形状を用いて他のコンテンツをクリッピングすることもできるため、テキストを選択可能かつ編集可能な状態にしたまま複雑なグラフィックスを描画することもできます。

なお、たいていの場合、PDF ドキュメント内にはテキストの抽出を可能にするだけの十分な情報がエンコードされていますが、その内部処理は常に簡単なものとなっているわけではありません。

1.2.2 ベクタイメージ

PDF のグラフィックスコンテンツは、Adobe の PostScript 言語で採用されていたモデルに基づいており、直線と曲線から作られた**パス**（path）によって描画されるようになっています。それぞれのパスは塗りつぶしたり、直線を描くための「ストローク」を行うことができます。なお、直線にはさまざまな太さ、結合時のスタイル、点線のパターンを設定することができます。

パスは好きな色や他のオブジェクトによって定義されたパターンの繰り返し、グラデーションをかけながら塗りつぶすこともできます。こういった指定は、ストロークによって描く直線に対しても適用できます。

また、パスには単純な、あるいは徐々に変化する透明度を指定でき、半透明オブジェクトとの関係を定義する複数の**ブレンドモード**を用いて描画することもできます。なお、透明度ごとにオブジェクトをグループ化することができるため、簡単な操作でオブジェクトのグループ全体に対して単一の透明度を適用することもできます。

パスは他のオブジェクトをクリッピングするためにも使用でき、その際にはクリッピングパスと重なっている部分だけが表示されるようになります。なお、こういったクリッピング領域はネストさせることも可能となっています。

PDF には、グラフィックスを定義しておき、他のコンテキストからそれを何度も使用できるメカニズムが用意されています。これを利用することで、複数のページで何度も同じモチーフを描画できるようになります。

1.2.3　ラスタイメージ

　PDF ドキュメントには、各ピクセル単位に 1 ～ 16 ビットを割り当て、特定の**カラースペース**（RGB の 3 原色や CMYK の 4 原色など）の色を表現したビットマップイメージを保持することができます。イメージは圧縮することもでき、さまざまなロス無し圧縮およびロスあり圧縮のメカニズムが用意されています。

　イメージは任意の倍率に拡大／縮小し、任意の回転を行ったうえで配置することができ、塗りつぶしのパターンとして使用できる他、配置の際に背景とブレンドさせるための透明度を定義する**マスク**を指定することもできます。

1.2.4　カラースペース

　PDF では、特定の電子機器や印刷機器ごとに関連付けられたカラースペース（グレイスケールや RGB、CMYK）や、人間の色彩感覚に関連付けられたカラースペースを使用することができます。こういったカラースペースの他に、**スポットカラー**といった印刷業界向けのものも使用できます。指定されたカラースペースを使用できない場合、基本的なカラースペースで代替するという、特定の PDF プログラム（画面専用ビューアなど）向けのメカニズムも用意されています。

1.2.5　メタデータ

　PDF ドキュメントには、**タイトル**、**著者**、**キーワード**といった、一連の標準的なメタデータが保持されます。メタデータは、グラフィックスコンテンツの外側で定義され、ドキュメントの表示には何の影響も及ぼしません。また、メタデータとしてクリエイター（コンテンツを制作したプログラム）とプロデューサー（PDF ファイルを出力したプログラム）も記録されます。さらに、各ドキュメントには一連の固有識別子も保持されるため、ワークフローの追跡を行うこともできるようになります。

　メタデータは PDF 1.4 以降、Adobe の Extensible Metadata Platform（XMP）を用いることで、XML（eXtensible Markup Language）形式で PDF 内に埋め込まれるようになりました。オブジェクトのメタデータを PDF 内に格納する方法が定義されたことで、サードパーティのワークフローや製品に関する情報を保持できるような拡張が可能になっているわけです。

1.2.6　ナビゲーション

　PDF ドキュメントを画面で閲覧する際には、以下の 2 通りのナビゲーションが可

能となります。

- **ドキュメントアウトライン**——これはドキュメントの**しおり**とも呼ばれており、ドキュメント内に設定されたデスティネーションを構造化して表示するものです。そのいずれかをクリックすると、該当ページや該当位置が表示されます。

- **ハイパーリンク**——これはドキュメントのテキスト内やグラフィックス内にハイパーリンクを設定しておくことで、ドキュメント内の特定位置を表示させたり、外部 URL のオープンを可能にするものです。

1.2.7 オプショナルコンテンツ

PDF では**オプショナルコンテンツグループ**を使用することで、一部のページコンテンツを何らかの条件（ユーザ設定や、ドキュメントを画面に表示するか印刷するか、ズームするかなど）でグループ化し、それに基づいてまとめて表示したり非表示にしたりすることが可能になります。また、グループ間の関係を定義することで、一方を他方に依存させるということもできます。このため、グラフィックスパッケージ内の「レイヤ」構造をエミュレートするといった用途にも使うことができ、Adobe Illustrator で生成されたドキュメントを PDF ビューアで読み込んだ際に、Adobe Illustrator レイヤを保持するといったことも可能になるわけです。

1.2.8 マルチメディア

PDF ドキュメントにはさまざまなマルチメディア要素を含めることができます。しかし、そういったものの多くは、PDF に備わっているべきポータビリティを破壊し、Adobe 製品以外ではサポートされていないという場合もあります。

PDF 1.2 以降
　サウンドとビデオが埋め込み可能になりました。

PDF 1.4 以降
　スライドショーを定義でき、遷移効果とともにページ間を自動的に移動できるようになりました。

PDF 1.5 以降

任意のメディア型を含めることができる、汎用的なシステムが導入されました。

PDF 1.6 以降

3D アートワークが埋め込めるようになりました。

1.2.9　対話型フォーム

PDF には、互換性のない2種類のフォームが用意されています。それらは、AcroForms というオープン標準のフォームと、Adobe XML Forms Architecture（XFA）という Adobe が策定し、同社の製品を必要とするフォームです。

フォームを使用することで、ユーザによるテキストフィールドへの入力や、チェックボックスやラジオボタンの使用が可能になります。そしてデータの入力を終えた後は、該当ドキュメントをそのまま保存したり（許可されている場合）、さらなる処理を実行するために特定の URL に送信することもできます。また、フォームに入力されたフィールドの値を検証したり、何らかの処理を実行するための JavaScript を埋め込んでおくことも可能となっています。

1.2.10　論理構造と再フロー

ドキュメント内に論理構造を格納しておくことで、グラフィックスコンテンツと同様に、構造的なコンテンツに関する情報（章、セクション、図、表、脚注）を保持できるようになります。また特定の要素については、サードパーティ側でカスタマイズすることもできます。

タグ付き PDF とは、Adobe が定義した一連の要素に基づく論理構造を保持したドキュメントのことです。こういった規約に従ったファイルは、さまざまなページサイズやテキストサイズとなっている電子書籍リーダーといった機器上で、その設定に応じてテキストの**再フロー**（流し込みのやり直し）が行われるようになります。

1.2.11　セキュリティ

PDF ドキュメントは、セキュリティを強化するために RC4 や AES 暗号を用いて暗号化することができます。パスワードには**所有者パスワード**と**ユーザパスワード**の2種類があります。暗号化されたファイルに所有者パスワードを入力することで、そ

のファイルに対するすべての操作が可能になり、ユーザパスワードを入力することで、ユーザは所有者によってあらかじめ定められた操作（例えば、印刷や文字列のコピーなど）を行うことが可能になります。また、ユーザパスワードを空白にしておくと、ファイルは通常通りオープンできるものの、そのファイルに対する操作は制限されることになります。

PDF 1.3 以降で導入されたデジタル署名は、ユーザ、あるいはドキュメントコンテンツの同一性を保証するために用いることができます。

1.2.12 圧縮

PDF におけるイメージやその他のデータストリームは、サードパーティが策定したさまざまなロス無し圧縮手法、あるいはロスあり圧縮手法を用いて圧縮することができます。（ファイル全体ではなく）こういったストリームだけを圧縮することで、ファイル全体を展開することなく PDF オブジェクトの構造を把握でき、必要な場合にのみ圧縮されたセクションを展開すれば済むようになります。なお圧縮手法は、以下のカテゴリに分類できます。

- 二値（すなわち白黒）イメージデータ用ロス無し圧縮：ファックスの標準規格で規定されている二値イメージの圧縮手法がサポートされており、PDF 1.4 以降では同種のイメージの圧縮率を向上させた JBIG2 規格もサポートされています。

- イメージデータ用ロスあり圧縮：JPEG、および PDF 1.5 以降では JPEG 2000 といった規格がサポートされています。

- イメージデータおよび汎用データ用ロス無し圧縮：Flate（ZIP アルゴリズム）や Lempel-Ziv-Welch（LZW）、ランレングスエンコーディングといった規格がサポートされています。

1.3 どういった人々が PDF を使うのか？

PDF は、さまざまな業界内で、そしてさまざまな職業の人によって利用されています。ここではそのいくつかを紹介し、PDF が適している理由を述べています。

1.3.1 印刷業界

PDFは、商業印刷で必要とされるカラースペースやページの寸法情報（MediaBoxやCropBox、ArtBox、BleedBoxなど）、トラッピングをサポートしており、印刷機器の解像度にも依存していません。このため、PDFはその他のテクノロジと組み合わせることで、書籍の出版工程というワークフローにおいて重要な地位を占めることになるのです。また、メタデータに拡張性が備わっているため、ドキュメント内に付帯情報を含めるさまざまな手段が提供され、出版プロセスを通じた付帯情報の保存も可能になります。つまりワークフロー内において、特定のメタデータを意識する必要のない工程があったとしても、単にメタデータを保存しておくだけで、その後の工程は何の問題もなくそのメタデータにアクセスできるわけです。

1.3.2 電子書籍と出版[†]

本書自体も、XML形式の構造化ドキュメントであるDocBookシステムを用いて組版し、ハイパーリンクとしおりを追加して完全なPDFファイルを生成したうえで、印刷に適した従来形式のPDFファイルにまとめ上げるという作業工程を経て作成されています。

PDFは電子書籍のファイル形式としても適しています。PDFドキュメントに再流し込みのためのタグ情報を付加しておくことで、さまざまな画面サイズの機器上でも画面の横幅に応じた適切なかたちでテキストが表示されるようになるのです。ただし、ドキュメント制作者の意図通りにテキストレイアウトが表示されるという一般的な使用形態から見た場合、これは相反する機能であると言えます。

1.3.3 PDFのフォーム

PDFのフォームは、何らかの用紙を主体とした紙ベースの既存システムを電子システムに置き換える際や、紙ベースのシステムと新たな電子システムを統合する際に活用できます。PDFのフォームを使用すれば（オンラインで記入した後で印刷することで）、手作業で記入した用紙と見た目が同じになるうえ、人間でもコンピュータでも同様に処理することができるのです。

PDFビューアからフォームを自動送信する場合、JavaScriptを使用することで何らかの計算処理を施したり（納税申告用紙上の数値を累算するなど）、記入したフォームにデジタル署名を付加することが可能になります。こういった電子フォームは、

[†] 編注：これが該当するのは原書に限られており、日本語版ではDocBookを利用していません。

PDF を導入する素晴らしい理由となるはずです。

1.3.4 文書のアーカイブ

PDF/A を用いることで、スキャンした文書や電子的な文書をそのままのかたちで表現できるようになるとともに、Unicode のサポートや CCITT FAX、JBIG2 といった二値イメージ圧縮手法によって長期的なアーカイブに最適な形式を実現することができます。また、ISO 規格になっているため（世界的な規格です）、遠い将来にわたってこういったドキュメントの読み込みを保証できます。

PDF は OCR（光学式文字認識）機器にも対応しており、スキャンした文書の見た目をそのままの状態に維持しつつ、検索可能なテキストを保持させることができます。

1.3.5 ファイルフォーマットとして

PDF は一見すると、編集可能なベクタグラフィックスを保存する形式としては不向きであるように思えるかもしれません。というのも、円はそのままの円として扱われずに、複数の曲線に分解されるためです（PDF には円という要素が存在していません）。

しかし、拡張機能を活用して付帯データを格納すれば、優れたソリューションとなるのです。例えば、Adobe Illustrator のファイルフォーマットは、PDF のファイルフォーマットを拡張したものとなっています。このため、通常の PDF ビューアを使って該当ファイルの閲覧が可能になるうえ、Illustrator を使って読み込んだ場合には、付帯データも利用できるようになるわけです。

1.4 便利な無償のソフトウェア

本書では、コード例とともにさまざまなソフトウェアを活用しています。幸いなことに、こういったソフトウェアはすべて無償で利用することができます。まずはPDF ビューアが必要となります。

- Acrobat Reader（http://get.adobe.com/reader/）は、Adobe が提供している PDF ビューアです。Acrobat Reader は、PDF のすべてのバージョンと機能をサポートしており、たいていのプラットフォーム上で動作するブラウザ用プラグインも用意されています。現在、Microsoft Windows や Mac

OS X、Linux、Solaris、Android 版が用意されています。

- プレビュー（Preview）は、Mac OS X に標準搭載されている PDF ドキュメントのビューアであり、ブラウザ用プラグインにもなっています。これは良くできており、高速に動作するものの、Acrobat Reader の機能すべてがサポートされているわけではありません。多くの人々は PDF ファイルのデフォルトアプリケーションとしてプレビューを使用していますが、Acrobat Reader もインストールしています。

- Xpdf（http://foolabs.com/xpdf）は、UNIX 向けのオープンソース版 PDF ビューアです。サポートされているのは PDF のサブセットであるものの、十分な機能を有しています。

- gv（http://pagees.cs.wisc.edu/~ghost/gv/index.htm）は、GhostScript（以下のコマンドラインツールの項で解説しています）で使用されている PostScript/PDF フロントエンドです。gv は、ほとんどすべてのドキュメントのテキストコンテンツとグラフィックスコンテンツを描画できます。しかし、他の PDF ビューアがサポートしている対話的機能のほとんどは搭載されていません。

以下は、非常に使いでのあるコマンドラインツールです。

- pdftk（http://www.pdflabs.com/tools/pdftk-the-pdf-toolkit/）は、PDF ファイルに対してさまざまな処理を行える、マルチプラットフォーム対応のコマンドラインツールです。pdftk は Microsoft Windows や Mac OS X、Linux 向けにバイナリ形式で提供されており、ソースコード形式でも入手可能です。

- Ghostscript（http://pages.cs.wisc.edu/~ghost/）は、PostScript と PDF のインタープリタを含んだツール一式です。Ghostscript を使うことで、PDF ファイルの描画を行ったり、コマンドラインからさまざまな処理を行うことが可能になります。Microsoft Windows 向けにはバイナリが、その他すべてのプラットフォーム向けにはソースコードが公開されています。

Adobeから提供されているソフトウェアとオープンソースのソフトウェアについては、第10章でより詳しく解説しています。

2章
簡単なPDFファイルの作成

この章では、テキストエディタを使って手作業でPDFコンテンツを作成します。その後、無償のpdftkプログラムを使ってこのファイルを有効なPDFファイルへと変換し、PDFビューアで出力を確認してみます。

なお、本書で使用している例はサポートウェブページ（http://oreilly.com/catalog/0636920021483）からダウンロードできます。

この章では、数多くの新しいコンセプトに接することになりますが、心配する必要はありません。こういったものについては、後の章で詳しく解説しています。

---

pdftk——PDFツールキット

pdftkはオープンソースとして開発されており、Microsoft WindowsやMac OS X、UNIX上で動作する無償のコマンドラインツールです。この章（そして以降の章）ではpdftkを活用し、テキストエディタで記述したPDFのコンテンツを有効なPDFファイルへと変換します。なお、pdftkは以下の用途でも使用できます。

- PDFドキュメントのマージ（連結）や分割
- ページの回転
- 暗号化や復号化
- PDFフォームへのデータの記入
- 透かしやスタンプの適用
- PDFメタデータの出力や変更
- PDFドキュメントへのファイルの添付

> pdftk のソースコードとバイナリパッケージは PDF Labs のウェブサイト（http://www.pdflabs.com/tools/pdftk-the-pdf-toolkit）から入手できます。
> pdftk の開発者である Sid Steward 氏は、PDF を取り扱うツールやティップスに関する書籍『PDF Hacks——文書作成、管理、活用のための達人テクニック』（O'Reilly 刊）の著者でもあります。

2.1 PDF の基本的なシンタックス

PDF ファイルには、少なくとも以下の 3 つの言語要素が含まれています。

- **ドキュメントコンテンツ**——ドキュメントコンテンツは、リンクを伴った数多くのオブジェクトの集合体であり、これらによって**有向グラフ**が構成されます。こういったオブジェクトは、ドキュメントの構造（ページやメタデータ、フォント、リソース）を定義するために用いられます。

- **ページコンテンツ**——ページコンテンツには、一連のオペレータが定義されており、単一ページ上に配置されるテキストやグラフィックスに対する一連の操作を規定するために用いられます。

- **ファイル構造**——ファイル構造は、**ヘッダ**や**トレーラ**、**相互参照テーブル**から構成されており、PDF ファイルを扱うプログラムが内部データに高速にアクセスできるよう、ファイルの読み込み時に使用されます。

2.1.1 ドキュメントコンテンツ

ドキュメントコンテンツ内では、以下の型の要素を用いて作られたオブジェクトが数多く使われています。

- 名前——"/" で開始する必要があります（例：/Name）

- 整数——（例：50）

- 文字列——丸括弧で囲む必要があります（例：(The Quick Brown Fox)）

- 他のオブジェクトへの参照——（例：2 0 R……これはオブジェクト 2 への参照を表します）

- オブジェクトの配列（順序付きコレクション）――（例：[50 30 /Fred]……これは 50、30、/Fred という 3 つの項目の順序付き配列を表します）

- 辞書（名前からオブジェクトへの対応付けを行った順序無しマップ）――（例：<< /Three 3 /Five 5>>……これは /Three を 3 に、/Five を 5 に対応付けたマップを表します）

- ストリーム――ストリームは辞書とバイナリデータから構成されたオブジェクトであり、PDF のグラフィックスオペレータ群や、イメージやフォントといったその他のバイナリデータを格納するために用いられます。

以下は**ページオブジェクト**の一例です。これは辞書の形態を取っており、保持されている複数の項目は名前によって関連付けられています。

```
<< /Type /Page
   /MediaBox [0 0 612 792]
   /Resources 3 0 R
   /Parent 1 0 R
   /Contents [4 0 R]
>>
```

この辞書には以下のような 5 つのエントリが含まれています。

/Type /Page
　　この辞書の /Type というキーに、/Page という名前が対応付けられています。

/MediaBox [0 0 612 792]
　　この辞書の /MediaBox というキーに、4 つの整数を保持した配列（[0 0 612 792]）が対応付けられています。

/Resources 3 0 R
　　この辞書の /Resources というキーに、オブジェクト 3（3 0 R で表現されています）が対応付けられています。

/Parent 1 0 R
　　この辞書の /Parent というキーに、オブジェクト 1（1 0 R で表現されてい

ます）が対応付けられています。

/Contents [4 0 R]
　　この辞書の /Contents というキーに、オブジェクトへの間接参照を 1 つ保持した配列（[4 0 R]）が対応付けられています。

2.1.2　ページコンテンツ

ページコンテンツはオペレータの並びで構成されており、各オペレータの前には 0 個以上のオペランドが置かれています。以下は、36 ポイントの /F0 フォントを選択し、現在の位置にテキストを描画するオペレータです。

```
/F0 36.0 Tf
(Hello, World!) Tj
```

ここでは Tf と Tj がオペレータであり、/F0 や 36.0、(Hello, World!) がオペランドです。一部のシンタックス要素（名前や文字列など）は、ページコンテンツとドキュメントコンテンツの双方で用いられる言語要素間で共通しています。

2.1.3　ファイル構造

ファイル構造は以下のセクションから成り立っています。

- ヘッダ——これは該当ファイルを PDF ドキュメントとして識別するためのものです。

- 相互参照テーブル——これはドキュメント中に存在する各オブジェクトのバイトオフセットをリスト化した構造体であり、ここを参照することでオブジェクトを先頭から順に読み進めることなく、任意のオブジェクトに直接アクセスできるようになります。

- トレーラ——ここには相互参照テーブルのバイトオフセットと EOF（ファイル終端）マーカーが格納されています。

手作業でファイルを作成する場合には、ファイル構造中の数多くの値を未記入のままにしておき、pdftk を使ってそれらの値を算出、補記させるという手を使うことが

できます。相互参照テーブルの内容一つを取っても、手作業で入力することはあまり現実的ではないのです。

2.2　ドキュメント構造

これから作成する例は、れっきとした PDF ファイルのうちで最もシンプルなものと言えるでしょう。しかし、それでもたくさんの要素が必要となります。上述したファイル構造に加えて、最小限の PDF ドキュメントにも以下のような数多くの基本的なセクションが必要となるのです。

- **トレーラ辞書**——これはファイル中の残りオブジェクトを読み込む方法に関する情報を格納した構造体です。
- **ドキュメントカタログ**——これはオブジェクトグラフのルートに相当するものです。
- **ページリスト**——これはドキュメント中のページを列挙するための構造体です。
- **少なくとも1つのページ**——各ページには以下の構造体が保持されている必要があります。
  - **リソース**——フォント定義などを含む構造体です。
  - **ページコンテンツ**——ページ上にテキストやグラフィックスを描画するための命令群を保持する構造体です。

これらの関係を図示すると**図 2-1** のようになります。

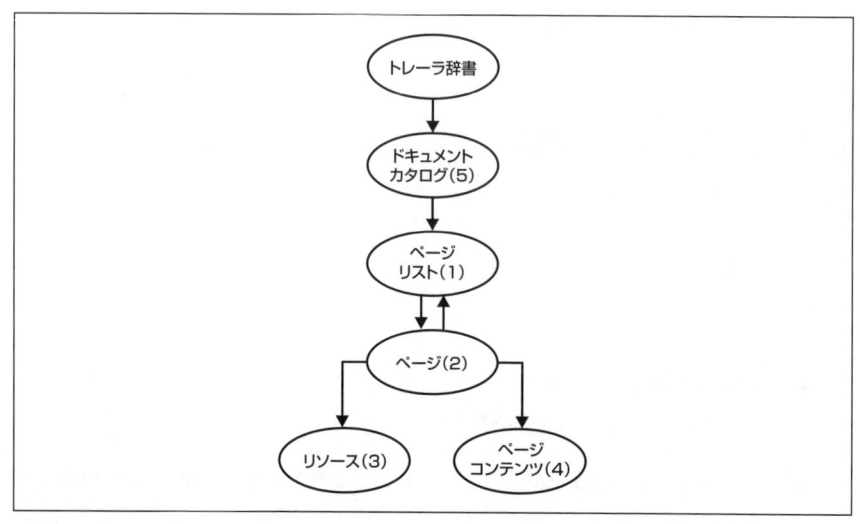

図 2-1　Hello, World! を描画する PDF のオブジェクトグラフ（括弧内の数値は例 2-1 で定義したオブジェクト番号です）

2.3　要素を組み立てる

それでは、テキストファイルに PDF データを入力していきましょう。行末記号はテキストエディタによって異なりますが、それは重要なことではありません（UNIX や Mac OS X の行末記号は <LF>、Microsoft Windows の行末記号は <CR><LF> ですが、いずれでも問題ありません）。なお、一部の情報（手作業で入力するには難しすぎるデータ）は入力せずに放置しておき、後で pdftk に補記してもらうことにします。このため、以下の点に留意しながら内容を入力していくことになります。

- 簡略版のヘッダを使用します。

- ページコンテンツのストリーム長は省略します（これにより、手作業でバイト数を数える必要がなくなります）。

- 相互参照テーブルの大半を省略します。

- 相互参照テーブルのバイトオフセットには 0 を指定します（これにより、手作業でバイト数を数える必要がなくなります）。

では、ファイル中の各セクションを（出現順に）解説し、その後 pdftk を実行して有効な PDF ファイルを作成することにしましょう。

2.3.1 ファイルヘッダ

ファイルヘッダは通常、2 行から構成されています。最初の行は該当ファイルが PDF であることを表すものであり、バージョン番号も同時に指定します。

```
%PDF-1.0              PDF バージョン 1.0 のヘッダ
```

2 行目には非印字文字が含まれるため、テキストエディタでは簡単に入力できません。このため、2 行目は pdftk に任せることにしましょう。

2.3.2 主となるオブジェクト

ファイルの本体にはオブジェクト群を記述することになります。最初は、ドキュメント中のページオブジェクト群へのリンクを張る**ページリスト**という辞書です。

```
1 0 obj               オブジェクト 1
<< /Type /Pages       これはページリストです
   /Count 1           ページは 1 つあります
   /Kids [2 0 R]      ページのオブジェクト番号を列挙した配列（ここではオブジェクト 2 のみ）
>>
endobj                オブジェクト 1 の終端
```

次に定義するものは**ページ**です。これも辞書であり、用紙サイズやページリストに戻るための間接参照、並びにグラフィックスコンテンツや**リソース**への間接参照を保持することになります。

```
2 0 obj
<< /Type /Page             これはページです
   /MediaBox [0 0 612 792] 用紙サイズは US レターのポートレート(612 ポイント×792 ポイント)
   /Resources 3 0 R        リソース（オブジェクト 3）への参照
   /Parent 1 0 R           親ページリストへ戻るための参照
   /Contents [4 0 R]       グラフィックスコンテンツ（オブジェクト 4）への参照
>>
endobj
```

次は、**リソース**です。ここでは**フォント辞書**というエントリを 1 つだけ定義します。この例では、ページ中のテキストを記述するために使用するフォントを 1 つだけ指定しています。

```
3 0 obj
<< /Font              フォント辞書
    << /F0             /F0 というフォントを 1 つだけ指定します
        << /Type /Font 以降の 3 行で、標準搭載されている Times Italic フォントを参照
                       しています
           /BaseFont /Times-Italic
           /Subtype /Type1 >>
    >>
>>
endobj
```

2.3.3　グラフィックスコンテンツ

ページコンテンツのストリームには、ページ上にテキストやグラフィックスを配置するためのオペレータの並びが保持されます。なお、これはページ辞書の /Contents エントリからリンクされます。

ストリームオブジェクトは、辞書の後に、PDF のオペレータとオペランドの並びを保持した生のデータストリームを続けたものからなる構造体です。通常の場合、ストリームオブジェクトはファイルサイズを小さくするために圧縮されますが、今回は手作業で入力するため、圧縮は行いません。また、ストリームの長さをバイト単位で指定する必要があります——しかし pdftk を実行することで、ストリーム辞書中に必要な /Length エントリが自動的に補記されます。

```
4 0 obj                ページコンテンツのストリーム
<< >>
stream                 ストリームの開始
1. 0. 0. 1. 50. 700. cm  現在位置を (50, 700) に移動します
BT                     テキストブロックの開始
  /F0 36. Tf           36 ポイントの /F0 フォントを選択します
  (Hello, World!) Tj   テキスト文字列を描画します
ET                     テキストブロックの終了
endstream              ストリームの終了
endobj
```

Hello, World!

図 2-2　ページのグラフィックスオペレータを実行した結果

　ここで定義したグラフィックスオペレータのストリームを実行すると、**図 2-2** の結果が得られます。

2.3.4 カタログと相互参照テーブル、トレーラ

ファイルの最後部には、**ドキュメントカタログ**という構造体が配置されます。これはオブジェクトグラフのルートオブジェクトとなります。またその後ろに、ファイル中の各オブジェクトのバイトオフセットを格納した**相互参照テーブル**が続きます。この内容も pdftk に補記してもらうことになります。そして最後に、2つの行が必要となります。1行目は、相互参照テーブルの開始オフセット（バイト単位）です（0にしておくと、pdftk が適切な値に書き換えてくれます）。最後の行は %%EOF という、ファイルの終端を表すマーカを配置します。

```
5 0 obj
<< /Type /Catalog    ドキュメントカタログ
   /Pages 1 0 R      ページリストへの参照
>>
endobj
xref                 相互参照テーブルの開始（手作業では放置しておきます）
0 6
trailer
<< /Size 6           相互参照テーブル内の行数（オブジェクトの総数+1）
   /Root 5 0 R       ドキュメントカタログへの参照
>>
startxref
0                    相互参照テーブルのバイトオフセット（とりあえず0を指定しておきます）
%%EOF                EOF ファイルマーカ
```

これで、すべてのパーツが出揃いました。

2.4 すべてをまとめる

最終的なコードは、**例2-1** のようになります（本書のサポートページ（http://oreilly.com/catalog/0636920021483）から入手することもできます）。ファイル名は helloworld-source.pdf にします。

例2-1 手作業で作成した（不完全な）PDF ファイル（helloworld-source.pdf）

```
%PDF-1.0             ファイルヘッダ
1 0 obj              メインオブジェクト
<< /Type /Pages
   /Count 1
   /Kids [2 0 R]
```

例 2-1　手作業で作成した（不完全な）PDF ファイル（helloworld-source.pdf）（続き）

```
    >>
    endobj
    2 0 obj
    << /Type /Page
        /MediaBox [0 0 612 792]
        /Resources 3 0 R
        /Parent 1 0 R
        /Contents [4 0 R]
    >>
    endobj
    3 0 obj
    << /Font
        << /F0
            << /Type /Font
                /BaseFont /Times-Italic
                /Subtype /Type1 >>
        >>
    >>
    endobj
    4 0 obj          グラフィックスコンテンツ
    << >>
    stream
    1. 0. 0. 1. 50. 700. cm
    BT
      /F0 36. Tf
      (Hello, World!) Tj
    ET
    endstream
    endobj
    5 0 obj          カタログと相互参照テーブル、トレーラ
    << /Type /Catalog
        /Pages 1 0 R
    >>
    endobj
    xref
    0 6
    trailer
    << /Size 6
        /Root 5 0 R
    >>
    startxref
    0
    %%EOF
```

この状態では、helloworld-source.pdf は有効な PDF ファイルではなく、（比較的不正なファイルに寛容な）Adobe Reader でさえもこのファイルを表示することはできません[†]。

では、helloworld-source.pdf ファイルに欠けている情報を pdftk に補記させ、完全な helloworld.pdf を作成してみましょう。

pdftk helloworld-source.pdf output helloworld.pdf

pdftk はファイルを読み込み、そのオブジェクトを解析し、欠けている情報や誤っている情報を正しい値に変換し、例 2-2 のような正しいファイルを出力します。空白の使い方や一部のシンタックス形式が変更されている点にご注意ください。このあたりの流儀は、PDF ファイルを出力するプログラムによって、まちまちなのです。

例 2-2　pdftk を用いて作成した完全版 helloworld.pdf の内容

```
%PDF-1.0
%âãÏO                                    ❶
1 0 obj
<<
/Kids [2 0 R]
/Count 1
/Type /Pages
>>
endobj
2 0 obj
<<
/Parent 1 0 R
/Resources 3 0 R
/MediaBox [0 0 612 792]
/Contents [4 0 R]
/Type /Page
>>
endobj
3 0 obj
<<
/Font
```

[†] 訳注：Windows や Mac OS X の Adobe Reader では正常に表示されます。ただサポートサイトで提供されている helloworld-source.pdf はさまざまな箇所に入力されている半角空白が影響を及ぼしているせいか、Adobe Reader では正常に表示されません。

例 2-2　pdftk を用いて作成した完全版 helloworld.pdf の内容（続き）

```
         <<
         /F0
         <<
         /BaseFont /Times-Italic
         /Subtype /Type1
         /Type /Font
         >>
         >>
      >>
    endobj
    4 0 obj
    <<
    /Length 65                                    ❷
    >>
    stream
    1. 0. 0. 1. 50. 700. cm
    BT
      /F0 36. Tf
      (Hello, World!) Tj
    ET

    endstream
    endobj
    5 0 obj
    <<
    /Pages 1 0 R
    /Type /Catalog
    >>
    endobj xref
    0 6                                           ❸
    0000000000 65535 f
    0000000015 00000 n
    0000000074 00000 n
    0000000182 00000 n
    0000000281 00000 n
    0000000399 00000 n
    trailer

    <<
    /Root 5 0 R
```

例 2-2 pdftk を用いて作成した完全版 helloworld.pdf の内容（続き）
```
  /Size 6
>>
startxref
449                                                    ❹
%%EOF
```

❶ バイナリデータが PDF ヘッダに追加されます——これにより、このファイルは FTP のようなファイル転送プログラムを使用する場合にも（テキストファイルではなく）バイナリファイルとして認識されるようになります。

❷ ストリームの長さ（バイト単位）が補記されます。

❸ ファイル中の各オブジェクトのバイトオフセットが相互参照テーブルに補記されます。

❹ 相互参照テーブルの開始オフセット（バイト単位）が補記されます。

これでこのファイルは PDF ビューアでロードできるようになりました。**図 2-3** は

図 2-3　Microsoft Windows 上の Adobe Reader を用いて、PDF ファイル（helloworld.pdf）を表示する

Microsoft Windows 上の Acrobat Reader で、このファイルを表示させた結果です。

2.5 補足

　この章では、PDF ドキュメントを構成する基本的なシンタックスとともに、pdftk を利用して簡単な PDF ファイルを作成する方法について解説しました。

　なお、既存の PDF ファイルもテキストエディタでオープンすることができますが、一部のデータ（ページコンテンツを構成するグラフィックスオペレータなど）については圧縮されている可能性があるため、読めない場合もあります。しかし、pdftk コマンドを使用することで、こういったセクションを展開し、読めるようにすることもできます。詳細については「9.8　圧縮」を参照してください。

　以降の章では一般的な PDF ファイルを構成するパーツの詳細とともに、PDF ファイルをプログラムで読み書きしたり、修正する方法について解説します。なお各章では、この章で作成したファイルを修正、拡張しています。

3章
ファイル構造

　この章では、PDFファイルを構成する4つのセクションのレイアウトとコンテンツ、並びにそれらを構成するオブジェクトのシンタックスを解説しています。また、PDFファイルが読み込まれ、高水準のデータ構造へと変換される際のプロセスと、そういった構造がPDFファイルに出力される際のプロセスについても概観しています。

3.1　ファイルレイアウト

　どれだけ単純なPDFファイルであっても、それが有効なものである以上、4つのセクションが存在しています。それらを順に挙げると以下のようになります。

1. **ヘッダ**——PDFのバージョン番号を指定したセクションです。
2. **本体**——ページコンテンツやグラフィックスコンテンツ、多くの補助的な情報が**オブジェクト**一式としてエンコードされているセクションです。
3. **相互参照テーブル**——ファイル内の各オブジェクトの位置を一覧化し、ランダムアクセスを可能にするための情報が格納されたセクションです。
4. **トレーラ**——このセクションには**トレーラ辞書**という構造体が含まれています。ここにはファイル中に格納されたさまざまなメタデータの位置が記述されています。

　では、第2章で作成した"Hello, World"のPDFを**例3-1**に再掲します。4つのセクションの先頭行には注釈を入れています。

例 3-1　シンプルな PDF ファイル

```
%PDF-1.0                        ヘッダの開始
%âãÏÓ
1 0 obj                         本体の開始
<<
/Kids [2 0 R]
/Count 1
/Type /Pages
>>
endobj
2 0 obj
<<
/Parent 1 0 R
/Resources 3 0 R
/MediaBox [0 0 612 792]
/Contents [4 0 R]
/Type /Page
>>
endobj
3 0 obj
<<
/Font
<<
/F0
<<
/BaseFont /Times-Italic
/Subtype /Type1
/Type /Font
>>
>>
>>
endobj
4 0 obj
<<
/Length 65
>>
stream
1. 0. 0. 1. 50. 700. cm
BT
  /F0 36. Tf
  (Hello, World!) Tj
```

例 3-1　シンプルな PDF ファイル（続き）

```
ET
endstream
endobj
5 0 obj
<<
/Pages 1 0 R
/Type /Catalog
>>
endobj xref                      相互参照テーブルの開始
0 6
0000000000 65535 f
0000000015 00000 n
0000000074 00000 n
0000000182 00000 n
0000000281 00000 n
0000000399 00000 n
trailer                          トレーラの開始
<<
/Root 5 0 R
/Size 6
>>
startxref
449
%%EOF
```

グラフ

　PDF ファイル中のオブジェクト群によって、**グラフ**が形成されます。このグラフとは、円グラフや棒グラフとは何の関係なく、数学で言うところのグラフ、すなわち**リンク**によって接続された**ノード**の集まりを指す言葉です。

　PDF ファイルの場合、ノードが PDF オブジェクトに、リンクは間接参照に相当します。PDF ドキュメントの読み込みとは、ファイル中にある PDF オブジェクト群からグラフを生成するプロセスなのです。なお、このグラフは**有向グラフ**、すなわちリンクは一方通行となっています。

　図 3-1 は、helloworld.pdf ドキュメント（**例 3-1**）のオブジェクトグラフを図示したものです。

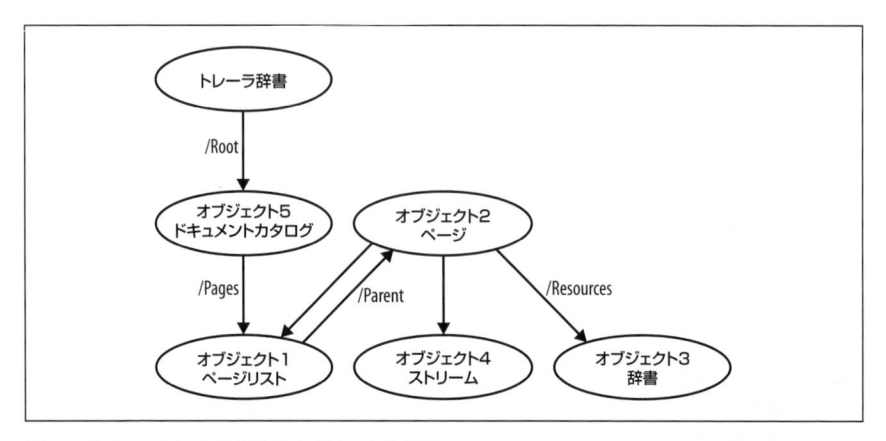

図 3-1　helloworld.pdf におけるオブジェクトグラフ

では例 3-1 を題材にして、4 つのセクションを順に見ていくことにしましょう。

3.1.1　ヘッダ

PDF ファイルの最初の行では、ドキュメントが使用している PDF のバージョン番号を指定します。今回の例では以下のようになっています。

```
%PDF-1.0
```

この行によって、当該ファイルが PDF バージョン 1.0 に従ったものであることを指定しているわけです。PDF は後方互換性を備えているため、PDF 1.5 対応のリーダーでも PDF 1.3 のドキュメントを読み込むことができます。また、前方互換性もファイル中のほとんどの部分に対して備えているため、たいていの PDF プログラムは、どのようなバージョンのファイルでも、それなりに読み込むことができるのです。

なお、たいていの PDF ファイルにはバイナリデータが含まれているため、行末符号を変換してしまう（FTP のテキストモードによるファイル転送など）と、ファイルは破損することになります。このため、こういった過去の負の遺産を引きずったファイル転送プログラムを使用した場合でも該当ファイルがバイナリであることを識別できるよう、ヘッダ中に 10 進数で 127 よりも大きな値となるバイトを含ませておくのが一般的です。以下はその例です[†]。

[†] 訳注：ASCII コードでは、すべての印字可能文字（バイト）は 10 進数で 127 以下の範囲に割り当てられています。

```
%âāÏó
```

パーセント記号は次のヘッダ行の始まりを意味しており、以降の数バイトは127よりも大きな値となる文字群です。このため、先ほどの例のヘッダ全体は以下のようになっているわけです。

```
%PDF-1.0
%âāÏó
```

3.1.2　本体

ファイルの本体は、オブジェクトの並びで構成され、それぞれの先頭では**オブジェクト番号**と**世代番号**、obj キーワードが1行に記述されます。そして、最後には endobj キーワードのみを指定した行が記述されます。以下がその例です。

```
1 0 obj
<<
/Kids [2 0 R]
/Count 1
/Type /Pages
>>
endobj
```

このオブジェクトは、オブジェクト番号が1であり世代番号が0（たいていの場合は0になります）となります。そして、1 0 obj と endobj という2つの行の間にあるものが、オブジェクト1のコンテンツになるわけです。上記の例では、<</Kids [2 0 R] /Count 1 /Type /Pages>> という辞書が、そのコンテンツになります。

3.1.3　相互参照テーブル

相互参照テーブルは、ファイルの本体内に存在する各オブジェクトへのバイトオフセットを一覧にしたものです。これによってオブジェクトへのランダムアクセスが可能になるため、先頭からファイルを読み進めていく必要がなくなり、使用することのないオブジェクトを読む必要もなくなるわけです。このため例えば、巨大なPDFドキュメントのページ数を数えるような処理でも高速に実行できるようになります。

PDFファイル内のすべてのオブジェクトには**オブジェクト番号**と**世代番号**が割り当てられています。世代番号は、相互参照テーブルのエントリが再利用される場合に

用いられますが、ここではあまり深入りしないでおきましょう（たいていの場合はゼロとなります）。

helloworld.pdf における相互参照テーブルは、エントリの数を示すヘッダ行とスペシャルエントリを記述した行の後、ファイルの本体中に記述されているオブジェクトごとに開始オフセットを 1 行ずつ記述したものとなっています。具体的には、以下のようになっています。

```
0 6                         テーブルには 0 から始まる 6 つのエントリがある
0000000000 65535 f          スペシャルエントリ
0000000015 00000 n          オブジェクト 1 のバイトオフセットは 15 である
0000000074 00000 n          オブジェクト 2 のバイトオフセットは 74 である
0000000192 00000 n          などなど、、、
0000000291 00000 n
0000000409 00000 n          オブジェクト 5 のバイトオフセットは 409 である
```

バイトオフセットは各エントリが同じ長さになるよう、先行桁がゼロで埋められます。こうすることで相互参照テーブル自体もランダムにアクセスできるようになっているのです。

3.1.4　トレーラ

トレーラの最初の行は trailer キーワードです。この後に、**トレーラ辞書**が続きます。トレーラ辞書には少なくとも、/Size エントリ（相互参照テーブル内のエントリ数です）と /Root エントリ（本体内に定義されるオブジェクトグラフのルート要素である**ドキュメントカタログ**のオブジェクト番号です）が保持されていなければなりません。

その後には、startxref キーワードと数値（当該ファイルにおける相互参照テーブルの開始位置を示すバイトオフセットです）の行、そして PDF ファイルの終端を表す %%EOF という行が記述されます。

以下は**例 3-1** のトレーラ部分です。

```
trailer                     trailer キーワード
<<                          トレーラ辞書
/Root 5 0 R
/Size 6
>>
startxref                   startxref キーワード
```

```
459        相互参照テーブルの開始オフセット（バイト単位）
%%EOF      EOF マーカ
```

トレーラを読み込む際には、ファイルの終端から逆向きに読み込んでいくことになります。まず、ファイルの終端を表す EOF マーカを見つけた後、相互参照テーブルの開始オフセットを読み込み、トレーラ辞書の解析を行っていきます。そして、`trailer` キーワードに到達した時点で、トレーラの上端に達したことを認識するわけです。

3.2 字句規約

　PDF ファイルは 8 ビット、すなわちバイトの並びで構成されています。こういったバイトの並びは、この章で解説している規則によってグループ化され、**トークン**（キーワードや数値など）と呼ばれるまとまりにされた後で、ファイルの解析に回されます。

　なお、一般的な規則のいくつかは、ファイルの本体部分にも適用され、また PDF ファイル中の他の言語要素内でもしばしば適用されます。印字可能文字というものは**通常文字**と**空白文字**、**区切り文字**の 3 種類に分類できます。**表 3-1** は、空白文字の一覧です。( ) < > [ ] { } / % は区切り文字として扱われ、配列や辞書の定義に用いられます。その他の印字可能文字は通常文字として扱われ、特別な意味は持っていません。

　PDF ファイルでは行末を識別するものとして、<CR> や <LF>、<CR><LF> が使用できます。ただし、テキストエディタなどを使用して行末符号すべてを変更しようとすると、圧縮されてバイナリとなっているデータセクション内に存在するデータの一部までもが変更され、データ破損につながる場合もあるという点にご注意ください。

表 3-1　空白文字

文字コード（10 進数）	意味
0	null
9	タブ
10	改行
12	フォームフィード
13	復帰
32	空白

3.3 オブジェクト

PDF では、以下の 5 つの基本的なオブジェクトがサポートされています。

- 整数や実数——（例：42、3.1415）

- 文字列——ブラケットで囲む必要があり、さまざまなエンコーディングで記述されます（例：(The Quick Brown Fox)）

- 名前——"/" で開始され、辞書のキーやさまざまな用途に用いられます（例：/Blue）

- ブーリアン値——true キーワードと false キーワードによって指定されます

- null オブジェクト——null キーワードによって指定されます

また、以下の 3 つの複合オブジェクトもサポートされています。

- 配列——他のオブジェクトを複数格納した順序付きのコレクションです（例：[1 0 0 0]）

- 辞書——名前からオブジェクトへと対応付けるために用いられる、ペアを集めて格納した順序のないコレクションです（例：<</Contents 4 0 R /Resources 5 0 R>>——これは /Contents が 4 0 R への間接参照に、/Resources が 5 0 R の間接参照に対応付けられます）

- ストリーム——イメージやフォントといったものを格納するために用いられるものであり、バイナリデータとともにデータの長さや圧縮パラメータといった各種の属性を格納した辞書をセットにしたものです

さらに、オブジェクト間を関連付ける方法もサポートされています。

- 間接参照——あるオブジェクトから他のオブジェクトへのリンクを作成するために用いられます

PDFファイルはオブジェクトグラフによって形作られており、こういったグラフ構造は間接参照を用いたオブジェクト間のリンクによって実現されています。**図** 3-1 は、**例** 3-1 のオブジェクトグラフを表したものです。

3.3.1　整数と実数

整数は 0..9 の 10 進桁を 1 桁以上記述したものであり、直前にプラス記号（+）やマイナス記号（-）を付加することもできます。

```
0 +1 -1 63
```

実数は 10 進桁を 1 桁以上、小数点とともに記述したものであり、直前にプラス記号（+）やマイナス記号（-）を付加することもできます。なお、小数点は数値桁の先頭にあっても、中ほどにあっても、末尾にあっても構いません。

```
0.0 0. .0 -0.004 65.4
```

PDF 規格では、あるオブジェクトは整数や実数のいずれでもよいと規定されている場合がしばしばあります。その一方で、整数でなければならないと規定されている場合もあります。また、整数や実数の範囲と精度は規定されておらず、PDF を扱うプログラムの実装依存となっています。このため、整数が一定範囲を超えている場合、実数に変換するという処理系もあります。

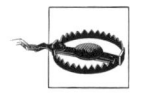

> 指数表記は許されていません。このため 4.5e-6 といった記述を行うことはできません。

3.3.2　文字列

文字列は、バイトの並びを括弧で囲んで記述します。

```
(Hello, World!)
```

バックスラッシュ文字（\）と括弧（()）はバックスラッシュを前置してエスケープする必要があります。以下はその例です[†]。

```
(Some \\ escaped \(characters)
```

これは "Some \ escaped (characters" という文字列を表しています。なお、文字列中に括弧が対応して使われている場合、エスケープする必要がありません。例えば、(Red (Rouge)) は "Red (Rouge)" を表すことになります。

また、可読性を向上させるために、バックスラッシュを使用する場合もあります（**表** 3-2 を参照してください）。

表 3-2　文字列におけるエスケープシーケンス

文字シーケンス	意味
\n	改行
\r	復帰
\t	水平タブ
\b	バックスペース
\f	フォームフィード
\ddd	8 進桁表現による任意の文字

ファイルから文字列が読み込まれ、エスケープ文字の解決を行って適切な文字列が取得された後は、「4.5 テキスト文字列」で解説しているようなかたちで解釈が行われます。

3.3.2.1　16 進文字列

文字列は、2 桁で 1 バイトを表現した 16 進桁の並びを < と > の間に記述することでも表現できます。

```
<4F6Eff00>                    0x4F, 0x6E, 0xFF, 0x00 というバイトの並び
```

なお、桁数が奇数である場合、最終桁として 0 が補われます。16 進文字列はバイナリデータを可読性のあるかたちで表現したい場合に用いられ、通常の方法で記述した文字列表現と等価なものになります。

---

† 訳注：バックスラッシュがエスケープ文字として扱われるため、PDF ファイル中に Shift-JIS エンコーディングで記述された文字列を指定する場合、2 バイト目がバックスラッシュとなる文字の直後にバックスラッシュを追記する必要があります。

3.3.3 名前

名前はPDFファイルのさまざまな場所で使われており、その用途も辞書のキー定義に始まり、多値オブジェクトの定義（整数を列挙するだけでは直感的に把握しづらいオブジェクトになるのです）に至るまでさまざまとなっています。名前はスラッシュで開始されます。以下はその例です。

```
/French
```

/文字も名前の一部となります——実際のところ/だけでも有効な名前となるのです。名前には空白や区切り文字を含めることはできませんが、そういった文字（例えば空白文字）を含んだ何らかの外部名に対応付けた名前を付けたい場合、ハッシュ記号の後に2桁の16進桁を続けることが許されています。

```
/Websafe#20Dark#20Green
```

ASCIIコードでは16進数の20が空白文字を表すため、これは"/Websafe Dark Green"という名前になります。なお、名前は大・小文字が区別されます（つまり、/Frenchと/frenchは異なった名前となるわけです）。

3.3.4 ブーリアン値

PDFでは、trueとfalseというブーリアン値を使用できます。これらは辞書エントリ中のフラグとしてよく用いられます。

3.3.5 配列

配列は、PDFオブジェクトの並びを順序付きのコレクションとして表現したものです（配列には他の配列も含めることができます）。格納されるオブジェクト群は同じ型である必要がありません。以下の例を見てください。

```
[0 0 400 500]
```

これは0, 0, 400, 500という4つの数値が順に格納された配列です。次は以下の例を見てください。

```
[/Green /Blue [/Red /Yellow]]
```

これは /Green という名前と /Blue という名前、そして 2 つの名前を格納した [/Red /Yellow] という配列が順に格納された配列です。

3.3.6 辞書

辞書は、**キーと値のペア**を順序のないコレクションとして表現したものです。この構造によってキーと値が対応付けられます――つまりキーを与えると、辞書中の対応した値が得られるわけです。キーは名前であり、値は任意の PDF オブジェクトとなります。辞書の記述は簡単であり、<< と >> の間にキーと値のペアを羅列するだけです。以下はその例です。

```
<</One 1 /Two 2 /Three 3>>
```

これは /One という名前を整数の 1 に、/Two という名前を整数の 2 に、/Three という名前を整数の 3 に対応付けた辞書です。辞書の値として、他の辞書を含めることもできます。多くの PDF ファイルでは、グラフィックス以外の構造データ群を取り扱うために、こういったネストした辞書が用いられています。

3.3.7 間接参照

PDF のコンテンツを複数のオブジェクトに分割する以上（分割することで必要なデータだけを読み込めるようになります）、今度はそれらオブジェクトを一つにまとめる方法が必要となります。そのための方法が**間接参照**です。以下の例は、オブジェクト 6 への間接参照を示したものです。

```
6 0 R
```

この 6 はオブジェクト番号を、0 は世代番号（本書では詳細に踏み込みません）を、R は間接参照を意味するキーワードです。

以下は、間接参照を使用している辞書の例です。

```
<< /Resources 10 0 R
   /Contents [4 0 R] >>
```

この例では、オブジェクト 10 とオブジェクト 4 が辞書の値として参照されること

になります。

3.4　ストリームとフィルタ

　ストリームはバイナリデータを格納するためのものであり、辞書の後にバイナリデータの固まりを続けたものから構成されます。この辞書にはデータの長さや、使用するストリーム固有のオプショナルパラメータが格納されます。

　ストリームのシンタックスは、辞書の後に stream キーワード、改行 (<LF> または <CR><LF>)、ゼロバイト以上のデータ、さらに改行、最後に endstream キーワードを記述するようになっています。先ほどの例を引用すると、以下のようになっています。

```
4 0 obj                    オブジェクト 4
<<
/Length 65                 データの長さ
>>
stream                     stream キーワード
1. 0. 0. 1. 50. 700. cm    65 バイトのデータ (この例ではグラフィックスストリーム)
BT
  /F0 36. Tf
  (Hello, World!) Tj
ET
endstream                  endstream キーワード
endobj                     オブジェクトの終端
```

　この例では、辞書には /Length エントリという、該当ストリームの長さをバイト単位で表現したエントリのみが格納されています。

　すべてのストリームは間接オブジェクトとなっていなければなりません。また、ストリームはほとんど常にと言っていいほど圧縮されます。PDF 規格ではさまざまな圧縮手法がサポートされているため、ストリームが圧縮されている場合には、展開のためのフィルタ情報をストリーム辞書に格納しておく必要があります。表 3-3 は、フィルタ情報として指定できるデコード方法をまとめたものです。

表3-3 PDFストリームのデコード方法

名称	解説
/ASCIIHexDecode	2桁の16進文字で表現された文字列から1バイトのデータを復元します。>記号はデータの終了を表します。なお、空白文字は無視されます。このデコード方法と/ASCII85Decodeはよく似ていますが、後者は2桁の16進文字列からではなく7ビットの印字可能バイトで表現されたデータからデコードを行います——/ASCII85Decodeは/ASCIIHexDecodeよりも処理が複雑ですが、デコード前のデータはよりコンパクトなものとなっています。
/ASCII85Decode	!からzまでの印字可能文字を使用して表現された文字列からバイナリデータを復元します。~>という文字の並びはデータの終了を表します。
/LZWDecode	TIFF画像形式で用いられているLZW（Lempel-Ziv-Welch）圧縮されたデータを展開します。
/FlateDecode	オープンソースのzlibライブラリで用いられているFlate圧縮されたデータを展開します。この圧縮／展開規格はRFC 1950として規定されています。/LZWDecodeと/FlateDecodeはいずれも、ストリーム辞書中に**プレディクタ**（predictor）を格納しておくことができます。プレディクタとは圧縮時に行われた事前処理に対応する事後処理を定義するものです。
/RunLengthDecode	バイト単位の単純なランレングス圧縮されたデータを展開します。
/CCITTFaxDecode	ファックス機器で使用されているエンコーディング形式（Group 3とGroup 4）のデータを展開します。この圧縮／展開規格は汎用データ向きではなく、モノクローム（1bpp）イメージ向きのものです。
/JBIG2Decode	JBIG2圧縮されたデータを展開します。JBIG2は/CCITTFaxDecode向きのデータを取り扱えるだけでなく、グレイスケールやカラー画像といった汎用データにも向いている、より近代的で優れた圧縮メカニズムです。
/DCTDecode	JPEGによる不可逆圧縮されたデータを展開します。すべてのヘッダが付いたままのJPEGファイル全体を展開することもできます。
/JPXDeccode	JPEG2000による不可逆圧縮および可逆圧縮されたデータを展開します。いくつか例外はあるものの、JPXベースの機能に限定されています。

以下は、圧縮されたストリームの例です。

```
796 0 obj
<</Length 275 /Filter /FlateDecode>>
stream
HTK0o÷u                                さらに268バイト...
endstream
endobj
```

ストリーム辞書中の/Filterエントリに、名前を1つだけ指定するのではなく、名前が複数格納された配列を指定した場合、複数のフィルタが使用されるようになります。例えば、JPEG圧縮されたイメージがASCII85エンコーディングされているという場合、以下のようなフィルタエントリを指定するわけです。

/Filter [/ASCII85Decode /DCTDecode]

外部パラメータを必要とするフィルタがある場合(例えば、データストリーム以外から圧縮パラメータを指定する場合)、それらもストリーム辞書中に格納しておくことになります。

3.5 インクリメンタル更新

PDF規格では**インクリメンタル更新**がサポートされているため、ドキュメントに対する変更点をファイルの末尾に追加していくことができます。これにより、ファイル全体を出力し直す必要がなくなるわけです(ファイルサイズが大きい場合、出力はとても時間がかかる処理となります)。インクリメンタル更新という処理自体は、オブジェクトの新規追加や変更と、相互参照テーブルの更新から成り立っています。こういった機能をサポートすることで、変更後のファイルを出力する時間は短縮できるものの、ファイルの肥大化を招きやすくなるというデメリットもあります(不必要になったオブジェクトも削除できないのです)。

実際、更新という作業は何度も繰り返されるのが常です。とは言うものの、インクリメンタル更新をサポートすることで、過去の変更をなかったことにしたり、ドキュメントの初期バージョンを取り出すことが容易になります。

さらに、デジタル署名されたドキュメントを変更する際、すべての更新はインクリメンタルに行わなければなりません——さもなければ、デジタル署名は無効なものとなってしまうのです。デジタル署名されたドキュメントがインクリメンタル更新されている場合、そのドキュメントの元々の内容を復元し、検証するといったことが簡単に行えるわけです。

インクリメンタル更新を行う際には、元のトレーラにあったすべてのエントリとともに、元の相互参照テーブルへのバイトオフセットを格納した/Prevエントリが新たなトレーラに追加されます。このため、インクリメンタル更新が行われたファイルには、複数のトレーラ辞書と複数のEOFマーカが保持されることになります。つまり、

PDFアプリケーションは相互参照テーブルを逆順に読み進めていくことで、ファイル中に存在する最新バージョンのオブジェクトすべてを取得できるわけです。なお、オブジェクトが置き換えられた場合であっても、同じオブジェクト番号が用いられます。

3.6 オブジェクトと相互参照ストリーム

PDF 1.5 以降では、多くのオブジェクトを単一の**オブジェクトストリーム**内に格納し、そのストリーム全体を圧縮することで PDF ファイルをさらにコンパクトなものにするという新たなメカニズムが導入されました。それと相前後して、こういったストリーム内のオブジェクトを参照する**相互参照ストリーム**という新たなメカニズムも導入されています。

たいていの PDF ファイルには、あるタイミングで必要となるオブジェクト群（例えば 1 ページ目にあるすべてのオブジェクト群、2 ページ目にあるすべてのオブジェクト群など）を単位としてグループ化されたオブジェクトストリームが複数存在しています。これにより、ファイル中のすべてのオブジェクトを単一のオブジェクトストリームに格納した際に発生する問題——すなわちランダムアクセスできなくなるという問題を回避しているのです。なお、オブジェクトストリームには他のストリームを格納することができません。

こういったファイルを読んでいくのは大変な労力を必要とするのですが、ここでも pdftk の力を借りて（uncompress 操作）、ファイルの展開を行うことができます。

3.7 直線化 PDF

ネットワーク環境（特に回線速度が低かったり、ネットワーク遅延が激しい環境）において PDF ファイルを閲覧する場合、ファイル全体がダウンロードされるまで何も表示されないというのはユーザの要求に反しているはずです。ウェブブラウザを使ってドキュメントを閲覧しようという場合、こういった要求は特に重要なものとなります。

最初のページはすぐにでも表示されて欲しいし、（ハイパーリンクのクリックやしおりによる）他のページへの遷移もできるだけ高速に行われて欲しいはずです。また、（ドキュメント全体ではなく）個々のページが巨大な場合には、最も重要なコンテンツを先に表示させ、徐々にページのコンテンツを表示させていくという要求もあるはずです。ちなみに HTTP（ウェブページを取得するためにウェブブラウザが用

いているプロトコル）といったネットワーク転送メカニズムでは、任意のデータが個別に取得できるようになっている場合もしばしばあります。しかし、ネットワーク遅延のことを考えた場合、大量の小さなオブジェクト群をばらばらに取得するのではなく、ページ単位にまとめられたデータを一気に取得する方が効率的に優れたものとなるのです。

このため PDF 1.2 において**直線化 PDF** というメカニズムが導入されました。このメカニズムは、ファイル中のオブジェクトを順番に並べるための規則と、オブジェクトの順序を指定するための**ヒントテーブル**の追加によって実現されています。なお、後方互換性も確保されており、直線化された PDF ファイルは通常の PDF ファイルでもあるため、直線化 PDF に対応していないリーダーでも読み込むことができます。

直線化 PDF ファイルは、ファイル先頭のヘッダの直後に**直線化辞書**があることで識別できます。以下の例を見てください。

```
%PDF-1.4
%âãÏÓ
4 0 obj
<< /E 200967
   /H [ 667 140 ]
   /L 201431
   /Linearized 1
   /N 1
   /O 7
   /T 201230
>>
endobj
```

GhostScript に同梱されている pdfopt というコマンドラインプログラムを使うことで、ファイルの直線化を行えるようになります。以下は、その使用例です。

```
pdfopt input.pdf output.pdf
```

このコマンドを実行することで input.pdf が直線化され、output.pdf に結果が書き出されます。

3.8 PDFファイルの読み込み方法

PDFファイルの読み込み処理とは、ファイル中に格納されたバイト群を読み込み、グラフオブジェクトをメモリ上に展開する処理に他なりません。この際の一般的な手順は以下の通りです。

1. ファイルの先頭にあるPDFヘッダを読み込み、当該ファイルが実際にPDFドキュメントであるかどうかを確認するとともに、そのバージョン番号を取得します。

2. ファイルの終端から逆向けに読み込んでいくことで、EOFマーカを見つけ出します。これでトレーラ辞書を読み込めるようになるとともに、相互参照テーブルの開始バイトオフセットが取得できます。

3. 相互参照テーブルを読み込みます。これによりファイル中の各オブジェクトの位置が取得できるようになります。

4. この段階で、すべてのオブジェクトの読み込みと解析が可能になります。ただし、こういったプロセスは各オブジェクトが実際に必要となる段階まで遅延させることができます。

5. これでデータの使用やページの抽出、グラフィックスコンテンツの解析、メタデータの抽出といったことが可能になります。

実際には、この他にも複雑かつさまざまな処理（暗号化や直線化、オブジェクトストリーム、相互参照ストリームなど）が実行されるため、上記の手順は一つの目安として考えてください。

PDFオブジェクトは、以下のような再帰的なデータ構造となっています。

```
pdfobject ::= Null
            | bool 型のブーリアン値
            | int 型の整数
            | real 型の実数
            | string 型の文字列
            | string 型の名前
            | pdfobject 型の配列である配列
            | (string 型, pdfobject 型) の配列型である辞書－(string, pdfobject) ペアの配列
```

| (pdfobject 型 , bytes 型) のストリーム ― ストリーム辞書とストリームデータ
　| int 型の間接参照

　例えば、<< /Kids [2 0 R] /Count 1 /Type /Pages >> は以下のような構造となるわけです。

```
辞書
  (( 名前 (/Kids), 配列 ( 間接参照 2)),
  ( 名前 (/Count), 整数 (1)),
  ( 名前 (/Type), 名前 (/Pages)))
```

　この章の始めで掲げた**図 3-1** は、**例 3-1** におけるオブジェクトグラフを示したものです。

3.9　PDF ファイルの書き出し方法

　PDF ドキュメントをバイト列としてファイルに出力する処理は、読み込み処理よりもずっと簡単なものとなります。というのも、PDF 規格すべてをサポートする必要がなく、必要となる部分だけを実装すればよいためです。また PDF ファイルの出力は、オブジェクトグラフをフラットなバイト群に変換するだけで済むため、その処理も高速なものとなります。

1. ヘッダを出力します。

2. 他のオブジェクトから参照されていないオブジェクトをすべて削除します。これによってもはや必要とされていないオブジェクトの出力を抑止することができます。

3. オブジェクト番号の採番をやり直し、オブジェクト番号を 1 から n までの連番にします。これで n とファイル中のオブジェクト数が一致します。

4. オブジェクト番号 1 から順に、1 つずつオブジェクトを書き出していき、各オブジェクトのバイトオフセットを相互参照テーブルに記録していきます。

5. 相互参照テーブルを出力します。

6. トレーラとトレーラ辞書、EOF マーカを出力します。

4章
ドキュメント構造

　この章では、PDF ファイルの細々したことはいったん置いておき、論理的な構造について解説しています。まず、**トレーラ辞書**、**ドキュメントカタログ**、**ページツリー**を解説するとともに、各オブジェクトが必要とするエントリについても解説しています。その後、PDF ファイルにおける 2 つの一般的な構造である**テキスト文字列**と**日付**についても解説しています。

　図 4-1 は一般的なドキュメントの論理構造です。

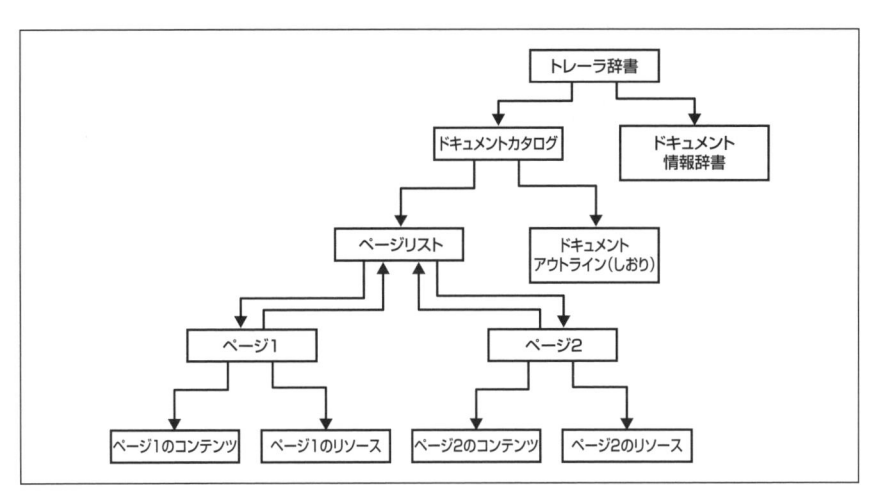

図 4-1　2 ページからなる一般的な PDF ドキュメントのドキュメント構造

4.1 トレーラ辞書

トレーラ辞書はファイルの本体部分ではなくトレーラ部分にあり、PDFドキュメントの読み込みを行うプログラムが最初に処理する構造体です。トレーラ辞書には相互参照テーブルを読み込むためのエントリが格納されており、相互参照テーブルの情報を元にすることでファイル中のすべてのオブジェクトにアクセスできるようになるのです。トレーラ辞書における重要なエントリをまとめると**表 4-1** のようになります。

表 4-1　トレーラ辞書のエントリ（* は必須のもの）

キー	値の型	値
/Size*	整数	このファイルの相互参照テーブル内に格納されたエントリの総数（たいていの場合はこのファイルに含まれるオブジェクト数 +1）が格納されています。
/Root*	辞書への間接参照	**ドキュメントカタログ**への間接参照です。
/Info	辞書への間接参照	このドキュメントの**ドキュメント情報辞書**への間接参照です。
/ID	2つの文字列が格納された配列	ワークフロー内でこのファイルを識別するために用いられる固有文字列です。最初の文字列はこのファイルが最初に生成された時に決定され、2つ目の文字列はファイルが更新された時にワークフローシステムによって更新されます。

以下は、トレーラ辞書の一例です。

```
<<
    /Size 421
    /Root 377 0 R
    /Info 375 0 R
    /ID [<75ff22189ceac848dfa2afec93deee03> <057928614d9711db835e000d937095a2>]
>>
```

トレーラ辞書の読み込み処理が終わると、次は**ドキュメント情報辞書**と**ドキュメントカタログ**の読み込み作業に進むことになります。

4.2 ドキュメント情報辞書

ドキュメント情報辞書には、ファイルの作成日と更新日、その他複数の簡単なメタデータが保持されています（このメタデータと「7.2　XMLメタデータ」で解説して

いる汎用の XMP メタデータとはまた別のものです)。

ドキュメント情報辞書のエントリは表 4-2 の通りです。なお、例 4-1 はドキュメント情報辞書の一例です。

表 4-2　ドキュメント情報辞書のエントリ(「テキスト文字列」および「日付文字列」という型は、本章の後半で解説しています)

キー	値の型	値
/Title	テキスト文字列	このドキュメントのタイトルが格納されます。これは最初のページ(表紙)に表示されるタイトルとは何の関係もありません。
/Subject	テキスト文字列	このドキュメントの主題が格納されます。これもコンテンツの内容には縛られない単なるメタデータです。
/Keywords	テキスト文字列	このドキュメントに関連付けられるキーワードが格納されます。こういったものを規定する際の制約はいっさいありません。
/Author	テキスト文字列	このドキュメントの著者名が格納されます。
/CreationDate	日付文字列	このドキュメントの作成日付が格納されます。
/ModDate	日付文字列	このドキュメントの最終更新日付が格納されます。
/Creator	テキスト文字列	このドキュメントが元々は他のフォーマットで作成されたものであるという場合、それを作成したプログラムの名前が格納されます(例:"Microsoft Word")。
/Producer	テキスト文字列	このドキュメントが元々は他のフォーマットで作成されたものであるという場合、それを PDF に変換したプログラムの名前が格納されます(例:"Acrobat Distiller")。

例 4-1　ドキュメント情報辞書の一例

```
<<
    /ModDate (D:20060926213913+02'00')
    /CreationDate (D:20060926213913+02'00')
    /Title (catalogueproduit-UK.qxd)
    /Creator (QuarkXPress: pictwpstops filter 1.0)
    /Producer (Acrobat Distiller 6.0 for Macintosh)
    /Author (James Smith)
>>
```

(/CreationDate や /ModDate で使用する) **日付文字列**の形式は、「4.6　日付」で解説しています。また、**テキスト文字列**の形式（文字列型で使用できるさまざまなエンコーディング指定の解説）は、「4.5　テキスト文字列」で解説しています。

4.3　ドキュメントカタログ

ドキュメントカタログはオブジェクトグラフの頂点に位置するルートオブジェクトであり、その他すべてのオブジェクトはここから間接参照を通じてアクセスされるようになっています。ドキュメントカタログのエントリは**表 4-3** の通りです。表中では、必須のエントリとオプショナルのエントリを挙げるとともに、必要に応じて補足説明を行っています。

表 4-3　ドキュメントカタログ（* は必須のもの）

キー	値の型	値
/Type*	名前	/Catalog という値が格納されます。
/Pages*	辞書への間接参照	ページツリーのルートノードが格納されます。ページツリーについては「4.4　ページとページリスト」で解説しています。
/PageLabels	数値ツリー	数値ツリーは、このドキュメントのページラベルを指定するものです。このメカニズムによって、ドキュメント中のページを 1, 2, 3, ... という形式ではなく、より複雑なものにすることができます。例えば、書籍のまえがき部分ではページ番号を i, ii, iii, ... といった形式にし、本文部分では 1, 2, 3, ... といった形式にすることができるわけです。こういったページラベルは、ページの表示時に用いられるページであり、印刷出力時に指定するページとは何の影響もありません。
/Names	辞書	これは名前辞書であり、さまざまな**名前ツリー**が格納されます。名前ツリーによって名前とオブジェクトの対応付けが行われ、オブジェクト番号を使用してオブジェクトを直接参照しなくても済むようになります。
/Dests	辞書	名前とデスティネーションを対応付けるための辞書が格納されます。デスティネーションは、ユーザがハイパーリンクをクリックした際に表示を行う、PDF ドキュメント内のリンク先を定義するために用いられます。
/Viewer Preferences	辞書	**ビューアプレファレンス辞書**が格納されます。これにより、初期ページや初期倍率といった PDF ビューアの動作を指定するフラグを設定できるようになります。なお、これらの情報は画面上でドキュメントを閲覧する際に使用されます。

表 4-3 ドキュメントカタログ（* は必須のもの）（続き）

キー	値の型	値
/PageLayout	名前	PDF ビューアによって使用されるページレイアウトが格納されます。値は /SinglePage や /OneColumn、/TwoColumnLeft、/TwoColumnRight、/TwoPageLeft、/TwoPageRight であり、デフォルトは /SinglePage です。詳細については ISO 32000-1:2008 の Table 28 を参照してください。
/PageMode	名前	PDF ビューアによって使用されるページモードが格納されます。値は /UseNone や /UseOutlines、/UseThumbs、/FullScreen、/UseOC、/UseAttachments であり、デフォルトは /UseNone です。詳細については ISO 32000-1:2008 の Table 28 を参照してください。
/Outlines	辞書への間接参照	アウトライン辞書が格納されます。これは**ドキュメントアウトライン**、いわゆる「しおり」のルートとなります。
/Metadata	ストリームへの間接参照	ドキュメントの XMP メタデータが格納されます。詳細については「7.2 XML メタデータ」を参照してください。

4.4 ページとページリスト

PDF ドキュメントでは**ページ**というオブジェクトを用いることで、グラフィックスコンテンツやテキストコンテンツ（第 5 章と第 6 章で解説します）を描画するための命令群をそのリソース（フォントやイメージといった外部データ）とともにまとめるようになっています。また、ページサイズやクロッピング用のさまざまな**ボックス**もまとめておけるようになっています。

ページのエントリは表 4-4 の通りです。

表 4-4 ページのエントリ（* は必須のもの）

キー	値の型	値
/Type*	名前	/Page という値が格納されます。
/Parent*	辞書への間接参照	ページツリー内における、このノードの親ノードが格納されます。
/Resources	辞書	ページのリソース（フォントやイメージなど）が格納されます。このエントリが省略されている場合、リソースは親ノードから継承されます。リソースがまったくないという場合、空の辞書が格納されます。

表 4-4　ページのエントリ（* は必須のもの）（続き）

キー	値の型	値
/Contents	ストリームへの間接参照や、ストリームへの参照の配列	このページ内のグラフィカルコンテンツが格納されます。なお、コンテンツは複数のセクションに分割することができます。このエントリが記述されていない場合、ページは空となります。
/Rotate	整数	閲覧時のページの向きを角度で表現した値が格納されます（角度は上を起点にして時計回りとなります）。値は 90 の倍数になっている必要があり、デフォルト値は 0 となっています。これは表示時と印刷時の双方に適用されます。このエントリが記述されていない場合、ページツリーの親ノードから値が継承されます。
/MediaBox*	矩形	ページの**メディアボックス**（メディア、すなわち用紙のサイズ）が格納されます。たいていの場合、これがページのサイズとなります。このエントリが記述されていない場合、ページツリーの親ノードから値が継承されます。
/CropBox	矩形	ページの**クロップボックス**が格納されます。これによってページを表示したり印刷する際のデフォルトの可視領域が定義されます。このエントリが記述されていない場合、メディアボックスと同じ値になります。

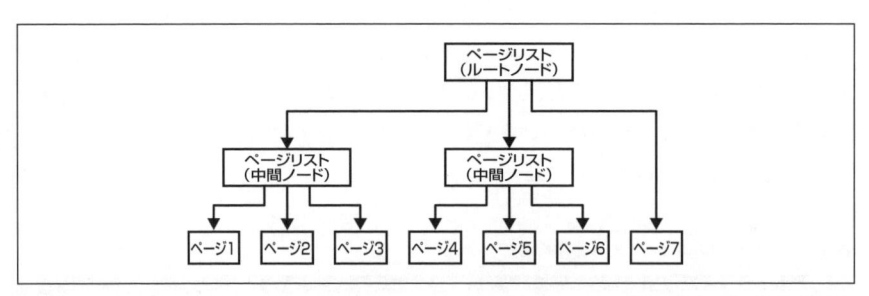

図 4-2　7 ページのドキュメントにおけるページツリー（実際のツリーの形状は個々の PDF アプリケーションに委ねられており、このツリーは例 4-2 の PDF コードに対応したものとなっています）

メディアボックスやその他のボックスで使用される**矩形**というデータ構造は、4 つの数値の配列となっています。これらの数値によって矩形の対角線上にある 2 つの隅の座標が定義されます——配列中の最初の 2 つの要素はある隅の x 座標と y 座標を表現し、残る 2 つの要素はその対角線上の隅である x 座標と y 座標を表現しているわけです。通常の場合は、左下隅と右上隅の座標を与えます。以下がその例です。

4.4 ページとページリスト | 61

```
/MediaBox [0 0 500 800]
/CropBox [100 100 400 700]
```

これによって 500 × 800 ポイントのページが定義されるとともに、ページのそれぞれの端から 100 ポイント内側に入ったクロップボックスが定義されます。

ページは単純な配列ではなく、**ページツリー**という木構造の形態を取ります。木構造を取ることで、数百ページにも及ぶドキュメントであったとしても、迅速に目的のページにアクセスできるようになるわけです。優れた PDF アプリケーションでは、**B 木**（B-Tree）と呼ばれるデータ構造（末端データに最短距離でアクセスできるよう、枝分かれが平衡するように作られたデータ構造）が構築されるようになっています。これによって、どのページにも迅速にアクセスできるようになるわけです。このページツリーにおいて、子を持ったノード（ルートノードと中間ノード）はページリストとなり、子を持たないノードはページそのものとなります。**図 4-2** は、7 ページのドキュメントにおけるページツリー構造の例です。

この構造を PDF オブジェクトとして書き出すと、**例 4-2** のようになります。ページリスト（すなわち中間ノードやページツリーのルートノード）のエントリは**表 4-5** の通りです。

例 4-2 図 4-2 のページツリー構造を構築するための PDF オブジェクト

```
1 0 obj                                  ルートノード
<< /Type /Pages /Kids [2 0 R 3 0 R 4 0 R] /Count 7 >>
endobj
2 0 obj                                  中間ノード
<< /Type /Pages /Kids [5 0 R 6 0 R 7 0 R] /Parent 1 0 R /Count 3 >>
endobj
3 0 obj                                  中間ノード
<< /Type /Pages /Kids [8 0 R 9 0 R 10 0 R] /Parent 1 0 R /Count 3 >>
endobj
4 0 obj                                  ページ 7 のページノード
<< /Type /Page /Parent 1 0 R /MediaBox [0 0 500 500] /Resources << >> >>
endobj
5 0 obj                                  ページ 1 のページノード
<< /Type /Page /Parent 2 0 R /MediaBox [0 0 500 500] /Resources << >> >>
endobj
6 0 obj                                  ページ 2 のページノード
<< /Type /Page /Parent 2 0 R /MediaBox [0 0 500 500] /Resources << >> >>
```

例 4-2　図 4-2 のページツリー構造を構築するための PDF オブジェクト（続き）

```
endobj
7 0 obj                                           ページ 3 のページノード
<< /Type /Page /Parent 2 0 R /MediaBox [0 0 500 500] /Resources << >> >>
endobj
8 0 obj                                           ページ 4 のページノード
<< /Type /Page /Parent 3 0 R /MediaBox [0 0 500 500] /Resources << >> >>
endobj
9 0 obj                                           ページ 5 のページノード
<< /Type /Page /Parent 3 0 R /MediaBox [0 0 500 500] /Resources << >> >>
endobj
10 0 obj                                          ページ 6 のページノード
<< /Type /Page /Parent 3 0 R /MediaBox [0 0 500 500] /Resources << >> >>
endobj
```

表 4-5　中間ノードやルートノードで使用されるページリストのエントリ（* は必須のもの）

キー	値の型	値
/Type*	名前	/Pages という値が格納されます。
/Kids*	間接参照の配列	このノードの直下にある子ノード群が格納されます。
/Count*	整数	このノードの配下にあるページ（ページリストを除く）の数が格納されます。
/Parent	ページツリーノードへの間接参照	このノードの親ノード（このノード自体が子として定義されているノード）への参照が格納されます。ページツリーのルートノード以外はこのエントリを指定する必要があります。

　この例では、ルートノードから最大 2 回の間接参照を行うことで、どのページにも行き着くことができます。

4.5　テキスト文字列

　ページ内に描画される実際のテキストコンテンツ以外の部分で使用される文字列（しおりの名前やドキュメント情報など）は、**テキスト文字列**と呼ばれています。こういったものは、PDFDocEncoding か Unicode（最近のドキュメントの場合）を用いてエンコードされます。なお、PDFDocEncoding は ISO Latin-1 エンコーディングに基づいたものであり、ISO 標準 32000-1:2008 の Annex D で詳細に解説されてい

ます。

　Unicode でエンコードされたテキスト文字列は 10 進数の 254 と 255 という 2 バイトで開始されるため、最初の 2 バイトをチェックするだけで識別できます。この U+FEFF というコードは、Unicode の UTF16BE エンコーディングを表すバイト順序マーカなのです。このため、PDFDocEncoding の文字列は þ（254）と ÿ（255）で開始することができないという制約が出てきますが、それによって問題が発生することはまずないと言っていいでしょう。

4.6　日付

　PDF の日付形式は、ドキュメント情報辞書中の作成日付（/CreationDate）や更新日付（/ModDate）で用いられており、日付と時間、タイムゾーンに関する情報を文字列でエンコードしたものとなっています。

　日付文字列は以下のような形式となっています。

(D:YYYYMMDDHHmmSSOHH'mm')

　全体を囲んでいる括弧は、これ自体が文字列であることを表すためのものです。日付を構成する各部分については表 4-6 の通りです。

表 4-6　PDF の日付形式を構成する要素

記号	意味
YYYY	4 桁の西暦年（例：2008）
MM	2 桁の月（01 から 12 まで）
DD	2 桁の日（01 から 12 まで）
HH	2 桁の時間（00 から 23 まで）
mm	2 桁の分（00 から 59 まで）
SS	2 桁の秒（00 から 59 まで）
O	協定世界時（UTC）と現地時間の関係（+ は現地時間が UTC よりも進んでいる場合、- は現地時間が UTC よりも遅れている場合、Z は UTC と同じ場合）
HH'	UTC との時差（時間）を表す 2 桁の絶対値（00 から 23 まで）
mm'	UTC との時差（分）を表す 2 桁の絶対値（00 から 59 まで）

YYYY よりも後の要素はすべてオプショナルです。つまり、(D:1999) だけでも有効な日付として扱われるわけです。ただし、いずれかの要素を省略した場合、それ以降のすべての要素も省略しなければなりません。そうしなければ結果は曖昧なものとなってしまうのです。なお、DD と MM のデフォルト値は 01 であり、それ以外の要素のデフォルト値はすべてゼロとなっています。

以下の例を見てください。

```
(D:20060926213913+09'00')
```

これは UTC よりも 9 時間進んでいる現地時間（例えば日本）の 2006 年 9 月 26 日の午後 9 時 39 分 13 秒を表しています。

4.7 すべてをまとめる

それではテキストファイルを手作業で作成し、第 2 章で行ったように pdftk を用いて有効な PDF ファイルを作成してみることにしましょう。今回作成するのは、ドキュメント情報辞書とページツリーを備えた 3 ページの PDF ドキュメントです。このドキュメントを Acrobat Reader で表示すると図 4-3 のようになります。なお、このドキュメントのオブジェクトグラフは図 4-4 のようになります。

例 4-3　ドキュメント情報辞書を備えた 3 ページのドキュメント

```
%PDF-1.0                            ヘッダ
1 0 obj                             ページツリーのトップレベル：このノードは
                                    2 つの子ノード（ページ 1 と中間ノード）を従えています。
<< /Kids [ 2 0 R 3 0 R ] /Type /Pages /Count 3 >>
endobj
4 0 obj                             ページ 1 のコンテンツストリーム
<< >>
stream
1. 0.000000 0.000000 1. 50. 770. cm BT /F0 36. Tf (Page One) Tj ET
endstream
endobj
2 0 obj                             ページ 1 のページノード
<<
  /Rotate 0
  /Parent 1 0 R
  /Resources
```

例 4-3　ドキュメント情報辞書を備えた 3 ページのドキュメント（続き）

```
    << /Font << /F0 << /BaseFont /Times-Italic /Subtype /Type1 /Type /Font >> >> >>
    /MediaBox [0.000000 0.000000 595.275590551 841.88976378]
    /Type /Page
    /Contents [4 0 R]
>>
endobj
5 0 obj                         ドキュメントカタログ
<< /PageLayout /TwoColumnLeft /Pages 1 0 R /Type /Catalog >>
endobj
6 0 obj                         ページ 3 のページノード
<<
  /Rotate 0
  /Parent 3 0 R
  /Resources
    << /Font << /F0 << /BaseFont /Times-Italic /Subtype /Type1 /Type /Font >> >> >>
  /MediaBox [0.000000 0.000000 595.275590551 841.88976378]
  /Type /Page
  /Contents [7 0 R]
>>
endobj
3 0 obj                 ページ 2 とページ 3 をリンクするための中間ノード
<< /Parent 1 0 R /Kids [8 0 R 6 0 R] /Count 2 /Type /Pages >>
endobj
8 0 obj                         ページ 2 のページノード
<<
  /Rotate 270
  /Parent 3 0 R
  /Resources
    << /Font << /F0 << /BaseFont /Times-Italic /Subtype /Type1 /Type /Font >> >> >>
  /MediaBox [0.000000 0.000000 595.275590551 841.88976378]
  /Type /Page
  /Contents [9 0 R]
>>
endobj
9 0 obj                         ページ 2 のコンテンツストリーム
<< >>
stream
q 1. 0.000000 0.000000 1. 50. 770. cm BT /F0 36. Tf (Page Two) Tj ET Q
1. 0.000000 0.000000 1. 50. 750 cm BT /F0 16 Tf ((Rotated by 270 degrees)) Tj ET
endstream
```

例 4-3　ドキュメント情報辞書を備えた 3 ページのドキュメント（続き）

```
endobj
7 0 obj                          ページ 3 のコンテンツストリーム
<< >>
stream
1. 0.000000 0.000000 1. 50. 770. cm BT /F0 36. Tf (Page Three) Tj ET
endstream
endobj
10 0 obj                         ドキュメント情報辞書
<<
  /Title (PDF Explained Example)
  /Author (John Whitington)
  /Producer (Manually Created)
  /ModDate (D:20110313002346Z)
  /CreationDate (D:2011)
>>
endobj xref
0 11
trailer                          トレーラ辞書
<<
  /Info 10 0 R
  /Root 5 0 R
  /Size 11
  /ID [<75ff22189ceac848dfa2afec93deee03> <057928614d9711db835e000d937095a2>]
>>
startxref
0
%%EOF
```

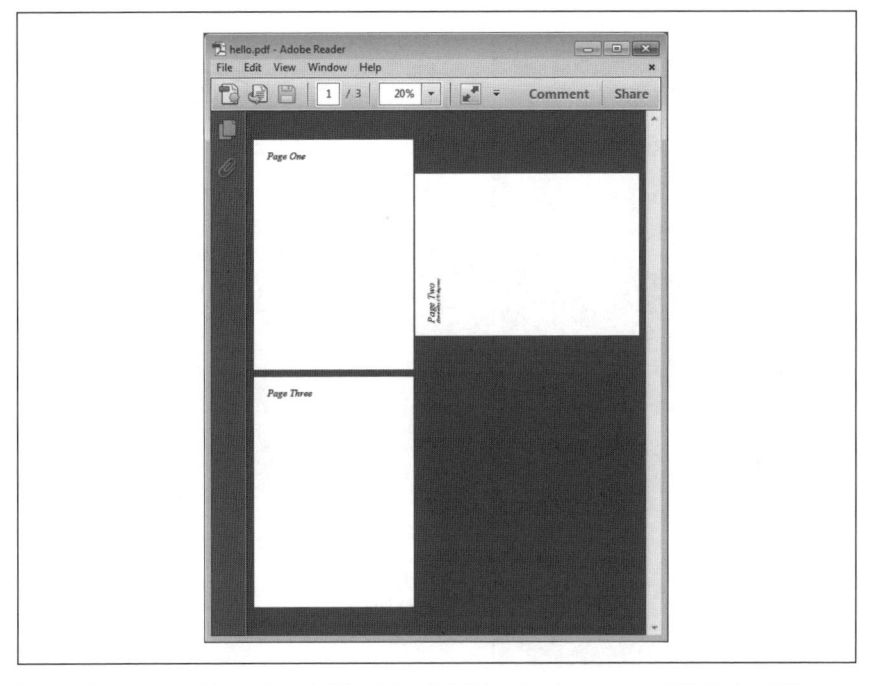

図 4-3 例 4-3 のコードを pdftk で有効な PDF へと変換し、Acrobat Reader で表示させた結果

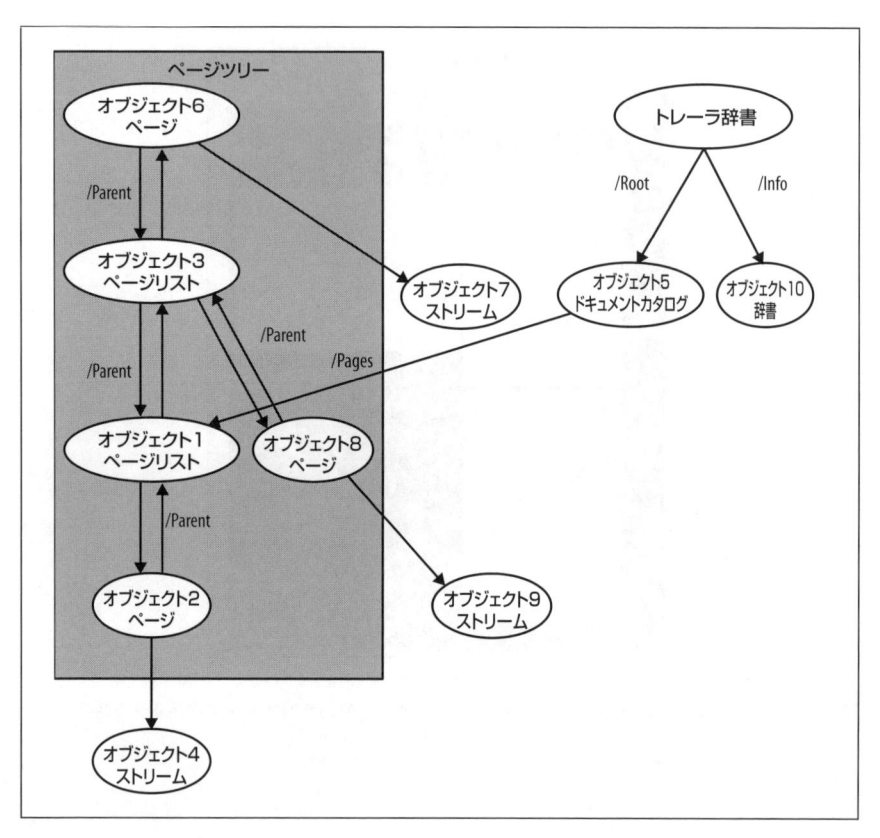

図 4-4　例 4-3 のオブジェクトグラフ

5章
グラフィックス

　この章では、PDF ページのコンテンツストリーム内におけるグラフィックスの描画方法を解説します。すべての例は第 2 章で行ったように、まずテキストファイルを手作業で作成し、それを pdftk によって有効な PDF ドキュメントに変換することで作成しています。なお、本章で解説している例も、本書のサポートページから入手できます。

5.1　コンテンツストリームの内容を覗いてみる

　PDF のページは、ページオブジェクト内の /Contents エントリに格納された 1 つ以上の**コンテンツストリーム**と、/Resources エントリに格納された共有リソースをまとめたものから作り出されます。本章で取り扱う例では、コンテンツストリームを 1 つだけに限定しています。ちなみに複数のコンテンツストリームというものは、それらを連結して一つにまとめたコンテンツストリームと等価なものになります。

　以下は、リソースを伴わない、単一のコンテンツストリームで構成されたページオブジェクトです。

```
3 0 obj
<<
  /Type /Page
  /Parent 1 0 R
  /Resources << >>
  /MediaBox [ 0 0 792 612 ]
  /Rotate 0
  /Contents [ 2 0 R ]
>>
endobj
```

以下は、このページオブジェクトに対応付けられたコンテンツストリームであり、**ストリーム辞書**と**ストリームデータ**から構成されています。

```
2 0 obj
<< /Length 18 >>                    ストリーム辞書
stream
200 150 m 600 450 l S               ストリームデータ
endstream
endobj
```

m や l、s といったオペレータの意味については後ほど解説します。数値は**ポイント**という長さの単位で記述されており、1 ポイント（1pt）は 1/72 インチです。このドキュメントを pdftk で処理し、PDF ビューアにロードすると図 5-1 のように表示されます。

例 5-1 は、手作業で作成した（pdftk で処理する前の）ファイルです。本章では、このファイルにさまざまな修正を加えていくことになります。ほとんどの場合、修正はコンテンツストリームのみに限定されますが、後半の例では PDF ファイルにリソースの追加も行っています。なお、これらのファイルは、本書のサポートページから入手することができます。

例 5-1　この章の例で使用する PDF ファイルの骨格部分

```
%PDF-1.0                            PDF ヘッダ
1 0 obj                             ページツリー
<< /Kids [2 0 R]
   /Type /Pages
   /Count 1
>>
endobj
2 0 obj                             ページオブジェクト
<< /Rotate 0
   /Parent 1 0 R
   /MediaBox [0 0 792 612]
   /Resources 3 0 R
   /Type /Page
   /Contents [4 0 R]
>>
endobj
```

例5-1　この章の例で使用するPDFファイルの骨格部分（続き）

```
3 0 obj                             リソース
<< >>
4 0 obj                             ページのコンテンツストリーム
<< /Length 19 >>
stream
200 150 m 600 450 l S
endstream
endobj
5 0 obj                             ドキュメントカタログ
<< /Pages 1 0 R
   /Type /Catalog
>>
endobj
xref                                相互参照テーブルの骨格
0 6
trailer                             トレーラ辞書
<< /Root 5 0 R
   /Size 6
>>
startxref
0
%%EOF                               EOFマーカ
```

たいていの場合、コンテンツストリームは圧縮されることになるため、既存ドキュメントのコンテンツストリームを見るには、pdftk の uncompress というコマンドを

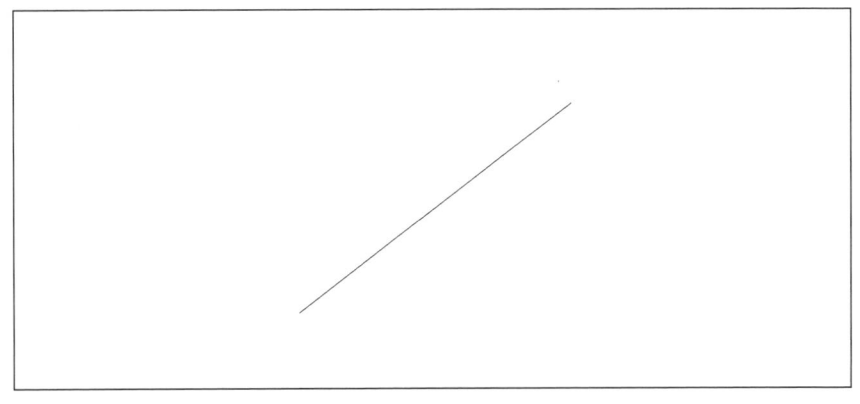

図5-1　1本の直線を定義し、描画する。

発行して内容の展開を行う必要があります。以下は、このコマンドの使用例です。

```
pdftk input.pdf output output.pdf uncompress
```

これによってinput.pdfの内容が展開され、output.pdfに出力されます。

5.2　オペレータとグラフィックスの状態

コンテンツストリームは一連の**オペレータ**によって構成されており、それぞれの直前にはゼロ個以上の**オペランド**が指定されます。表5-1では、6つのグループに分け、78種類のグラフィックスオペレータをまとめています。この章では、最初の4つのグループからオペレータを選んで解説しています。

表5-1　PDFのグラフィックスオペレータ

グループ	用途	オペレータ
グラフィックスの状態を設定するオペレータ	グラフィックスの状態（現在のカラー、線幅など）を変更します。	w J j M d ri i gs q Q cm CS cs SC SCN sc scn G g RG rg K k
パス生成オペレータ	直線、曲線、矩形を生成します。	m l c v y h re
パス塗りつぶしオペレータ	パスを使用してストロークを描いたり、塗りつぶしたり、クリッピング領域を設定します。	S s f F f* B B* b b* n W W*
その他の塗りつぶしオペレータ	塗りつぶしのパターンやインラインイメージを設定します。	sh BI ID EI Do
テキストオペレータ	さまざまなフォントなどを指定してテキストの選択や描画を行います。	Tc Tw Tz TL Tf Tr Ts Td TD Tm T* Tj TJ ' '' d0 d1
マーク付きコンテンツと互換性オペレータ	ストリームのセクションを分割します。	MP DP BMC BDC EMC BX EX

ページの描画は、オペランドを伴ったこれらのオペレータが順に実行されることで達成されます。また、あるオペレータによって変更された**グラフィックスの状態**は、それ以降も維持され、他のオペレータによって参照されることになります。なお、たいていのオペランドは数値ですが、名前や辞書、配列である場合もあります。

表5-2は、この章の例を描画するために必要となる、そして一般的なPDF実装でよく見かけるグラフィックスの状態についてまとめたものです。

表 5-2 グラフィックスの状態

エントリ	型	初期値
現在の変換マトリクス	マトリクス	デフォルトのユーザ座標をデバイス座標へと変換するためのマトリクス
塗りつぶしカラー	色	黒
線のカラー	色	黒
線の幅	実数	1.0
角の形状	整数	マイター結合 (0)
線端	整数	バット線端 (0)
破線パターン	整数の配列	実線
現在のクリッピングパス	パス	空のパス
ブレンドモード	名前あるいは配列	通常
ソフトマスク	名前あるいは辞書	なし
アルファ定数	実数	1.0 (完全に不透明)
アルファソース	ブーリアン	false

5.3 パスの生成と塗りつぶし

ここでは US Letter サイズのページをランドスケープ（幅 11 インチ×高さ 8.5 インチ、すなわち幅 792 ポイント×高さ 612 ポイント）で使用します。PDF の座標システムはデフォルトでページの左下隅が原点となっており、x の増加によって右に、y の増加によって上に向かっていくことになります。

では、いくつかのパスを生成し、ストロークを描き、直線の属性を設定するオペレータを使用することで、簡単なグラフィックスストリームを作成してみましょう。

100 100 m 300 200 l 700 100 l	(100, 100) に移動し、(300, 200) まで線を引き、さらに (700, 100) まで線を引きます
S	線のストロークを描きます
8 w	線幅をデフォルト (1.0) から 8.0 にします
1 J	線端をデフォルトのバット線端 (0) から丸形線端 (1) に変更します
100 200 m 300 300 l 700 200 l	ページ内の 100 ポイント上に同じ形状で新たなパスを定義します
S	新たな線のストロークを描きます
[20] 0 d	破線パターンを 20 ポイントの繰り返しに変更します

```
100 300 m 300 400 l 700 300 l         ページ内のさらに 100 ポイント上に同じ形で
                                      新たなパスを定義します
S                                     新たな線のストロークを描きます
```

出力結果は**図 5-2** のようになります。

　m というオペレータは新しいパスの始点に移動するために、l というオペレータはそれぞれ 1 本の直線を引くために使用しています。この時点ではまだ何も描画されないという点にご注意ください——ページは S オペレータを用いて線のストロークを描いた時点で初めて描画されるのです。また、S オペレータを実行することで、現在のパスはクリアされます。

　次に w というオペレータによって、グラフィックス状態の線幅を 8 ポイントに設定しています。また、J というオペレータによって、線端を丸型線端に設定しています。破線パターンは、d というオペレータに配列（破線を描画する際の「線の長さと隙間の長さ、線の長さ、、、」といったパターン）とパターンを開始する際の初期オフセット（フェーズ）という、2 つのオペランドを引き渡すことで設定されます。上記の例では、配列のエントリが 1 つだけであるため、線の長さと隙間の長さはどちらも 20 ポイントに設定され、フェーズは 0 として扱われます。

　線を描画する際における角の形状、破線パターン、線端についてはそれぞれ**表 5-3** と**表 5-4**、**表 5-5** にまとめています。

　なお、複数の**サブパス**を組み合わせて 1 つのパスを定義する場合、m オペレータを

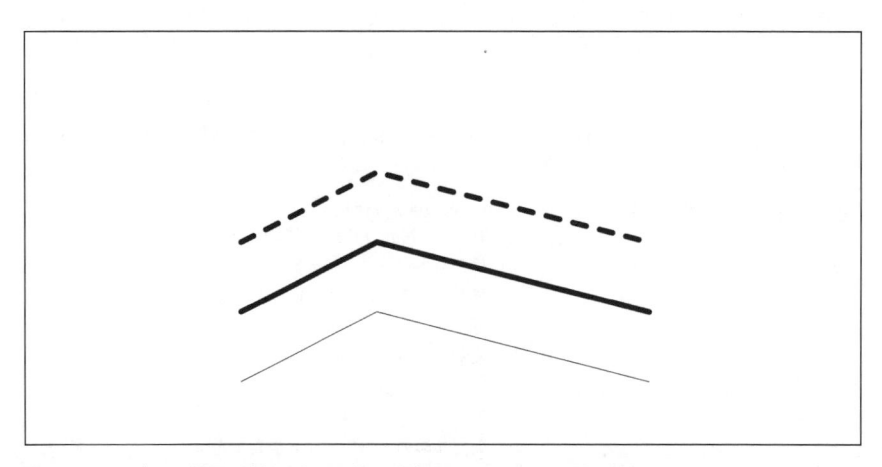

図 5-2　さまざまな線幅、線端、角の形状、破線パターンを用いた線の描画

用いてそれぞれのサブパスの開始座標を変更することもできます。これにより、離れた座標上にある複数の形状を単一のパスとして定義することも可能になります。

表 5-3　角の形状

角の形状番号	意味
0	マイター結合
1	ラウンド結合
2	ベベル結合

表 5-4　破線パターン

破線パターンの指定	意味
[] 0	実線
[2] 0	2ポイントの線分、2ポイントの間隔、2ポイントの線分、…
[2] 1	1ポイントの線分、2ポイントの間隔、2ポイントの線分、…（フェーズが1ポイントに設定されます）
[2 3] 0	2ポイントの線分、3ポイントの間隔、2ポイントの線分、…

表 5-5　線端

線端番号	意味
0	バット線端（線の端が直角になる）
1	丸形線端（線の端が半円になる）
2	突出線端（線幅の半分だけパス端から線が延長され、線の端が直角になる）

5.3.1　ベジェ曲線

　PDFでは、直線と同様に曲線も描くことができます。曲線を定義する方法は数多く存在しますが、IT業界では**ベジェ曲線**（自動車工学の技術者である Pierre Bézier 氏に由来する名前です）を使うのが一般的になっています。これはマウスと画面だけでも簡単に描画でき、任意の解像度や精度で比較的簡単に表示でき、数学的にも簡単に定義できるという利点があります。

　曲線は4つの点、すなわち始点と終点、および始点と終点の間における曲線の形状を定義する2つの**制御点**によって定義されます。曲線は、常に4つの点で定義された四角形内に収まるようになっていますが、必ず制御点上を通過するとは限りませ

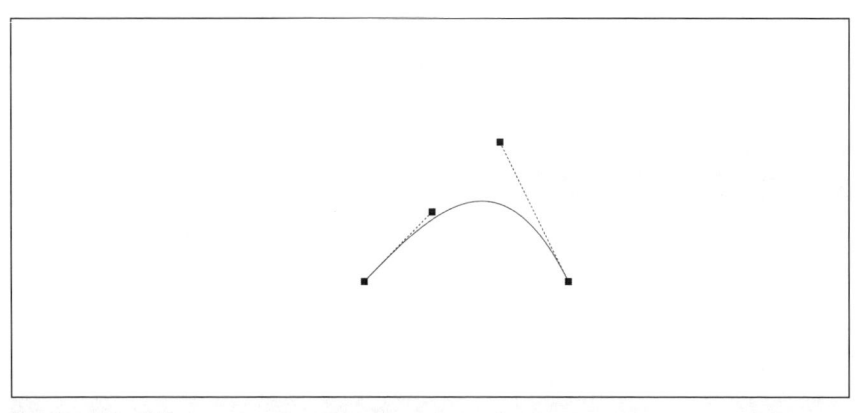

図5-3 ベジェ曲線

ん。

　図5-3は、ある曲線とその始点、終点、そして2つの制御点を示したものです（表示されている点線は、グラフィックスエディタで表示される補助線です）。こういった曲線はcオペレータを使用することで引くことができます。

```
300 200 m 400 300 500 400 600 200 c S
```

　最初にmオペレータを使用して、現在位置を曲線の始点に移動しています。そして、cオペレータは最初の制御点と2つ目の制御点、終点という3つの追加座標を受け取ります。

　ベジェ曲線についての詳細はグラフィックスに関する教科書を参照してください——お勧めは「10.5　PDFとグラフィックスの参考文献」で紹介しています。

5.3.1.1　ベジェ曲線による円の描画

　PDFで真円を描くことはできません。しかし、複数のベジェ曲線を用いることで真円に近い形状を描画することができます。つまり、4つの対称的な曲線を使用し、それぞれの曲線に円を1/4ずつ描画させるようにするわけです（ちゃんとした結果を得るためには少なくとも曲線が4つ必要となるのです）。図5-4で示した円弧は、中心座標を (1, 0) に置いています。この場合のkの値は約 0.552 となります。

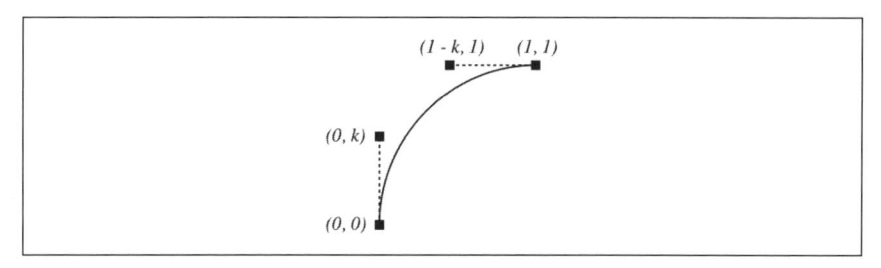

図 5-4 ベジェ曲線を用いて円弧を描き、円を擬似的に描画する

5.3.2 図形の塗りつぶしとワインディング規則

　以前に解説した S オペレータを、表 5-6 で挙げている他のオペレータで置き換えることで、パスのストロークを描くとともにその内部を塗りつぶせるようになります（以下の例ではパスの塗りつぶしとストロークの描画を行うために B オペレータを使用しています）。以下のコードを用いて形状の塗りつぶしとストロークの描画を行うと、図 5-5 の結果が得られます。

```
2.0 w
0.75 g                                  塗りつぶしカラーをライトグレイにします
250 250 m                               パスの始点に移動します
350 350 450 450 550 250 c               最初の曲線を引きます
450 250 350 200 y                       2 つ目の曲線を引きます
h B                                     形状を閉じて塗りつぶします
```

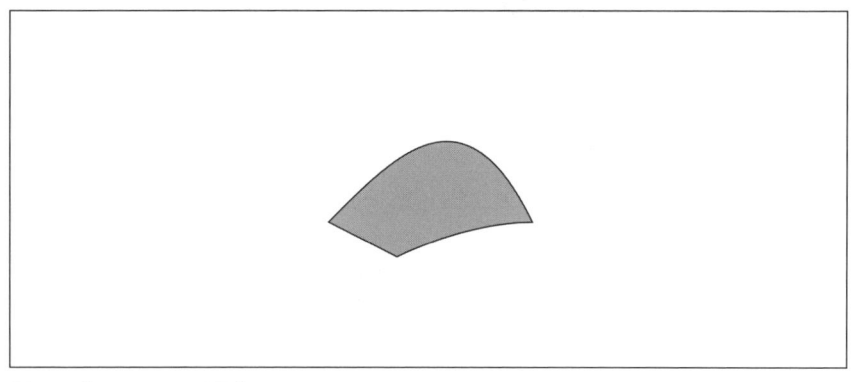

図 5-5　塗りつぶされた図形

ここでは g オペレータを使用して塗りつぶしカラーを設定しています。g オペレータについては、「5.4　カラーとカラースペース」で解説しています。また 2 つ目の曲線では、c オペレータとよく似た y オペレータを使用しています。y オペレータは 2 つ目の制御点と終点が同じ座標の場合に使用するものです。このため、オペランドは 4 つしか指定していません。

塗りつぶしオペレータには、以下の 2 つの特徴があります。

- パスは閉じているかどうかに関係なく、塗りつぶしの前に自動的に**閉じられます**。閉じられていない場合、現在の座標から現在のパスの始点に対して直線が引かれます。なお、h オペレータを用いて明示的にパスを閉じることもできます。
- **ワインディング規則**によって、オブジェクトを塗りつぶす際、自らが交差している部分や複数のサブパスがオーバーラップしている点の塗りつぶし可否が決定されます。図 5-6 では、自ら交差しているオブジェクトと、オーバーラップする 2 つの矩形パスに対するワインディング規則の例を示しています。

図 5-6 のコードは以下の通りです。

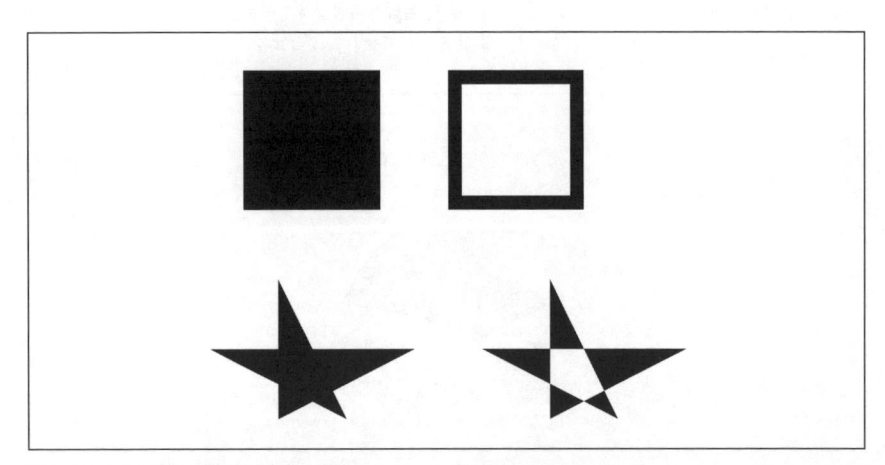

図 5-6　非ゼロ（左）と奇偶（右）のワインディング規則

```
100 350 200 200 re
120 370 160 160 re f                              非ゼロ
400 350 200 200 re
420 370 160 160 re f*                             奇偶規則
150 50 m 150 250 l 250 50 l 50 150 l 350 150 l h f
550 50 m 550 250 l 650 50 l 450 150 l 750 150 l h f*
```

ここでは re オペレータも使用しています。これは、x の起点と y の起点、幅、高さという 4 つの引数を元にして、閉じた矩形を作成するというオペレータです。

表 5-6　パスの塗りつぶしとストロークの描画に用いられるオペレータ

オペレータ	機能
n	視覚効果なしにパスを終了させます。これは現在のクリッピングパスを変更する場合に用いられます（「5.6　クリッピング」を参照してください）。
b	パスを閉じ、塗りつぶしとストロークの描画を行います（非ゼロワインディング規則）。
b*	パスを閉じ、塗りつぶしとストロークの描画を行います（奇偶規則）。
B	パスの塗りつぶしとストロークの描画を行います（非ゼロワインディング規則）。
B*	パスの塗りつぶしとストロークの描画を行います（奇偶規則）。
f または F	パスを塗りつぶします（非ゼロワインディング規則）。
f*	パスを塗りつぶします（奇偶規則）。
S	パスのストロークを描画します。
s	パスを閉じ、ストロークを描画します。

5.4　カラーとカラースペース

PDF のグラフィックスストリーム内で塗りつぶしやストロークのカラーを変更するには、現在のカラースペースを変更するためのオペレータを実行した後で、カラーを変更するオペレータを実行する必要があります。また、カラースペースは塗りつぶし用とストローク用が別々に用意されているため、塗りつぶし用のカラースペースを DeviceRGB にしつつ、ストローク用のカラースペースを DeviceGray にするといったことも可能になっています。

このセクションでは、DeviceGray と DeviceRGB、DeviceCMYK という基本的なカラースペースについて解説します（より複雑なカラースペースについては、PDF

規格を参照してください)。

- DeviceGray というカラースペースは、1色の加色混合要素から成り立っており、0.0（黒）から 1.0（白）までの値を取ります。

- DeviceRGB というカラースペースは、赤と緑、青の3色の加色混合要素から成り立っています。各要素は 0.0（該当色の要素がゼロ）から 1.0（該当色の要素が上限値）までの値を取ります。

- DeviceCMYK というカラースペースは、シアン、マゼンタ、イエロー、キー（黒）の4色の減色混合要素から成り立っています。各要素は 0.0（該当色素がゼロ）から 1.0（該当色素の上限値）までの値を取ります。

ストローク用のカラースペースを変更するには、CS オペレータを使用します。塗りつぶし用のカラースペースを変更するには、cs オペレータを使用します。その後、SC オペレータ（オペランドの数は現在のカラースペースにおける色要素の数に一致します）を用いて、ストローク用のカラーを設定したり、sc オペレータを用いて塗りつぶし用のカラーを変更するわけです。以下はその例です。

```
/DeviceRGB CS            ストローク用のカラースペースを設定します
0.0 0.5 0.9 SC           カラーを RGB (0.0, 0.5, 0.9) に設定します
```

デバイスのカラースペースを設定するショートカットも用意されています。これを使用すれば、1回の操作でストロークや塗りつぶしに用いられる現在のカラースペース、およびストロークや塗りつぶしに用いられる現在のカラーを設定できるようになります。表 5-7 は、こういった操作をまとめたものです。

表 5-7 カラーとカラースペースを操作する手軽なオペレータ

オペレータ	オペランドの数（意味）	機能
G	1	ストローク用のカラースペースを /DeviceGray に変更してカラーを設定します。
g	1	塗りつぶし用のカラースペースを /DeviceGray に変更してカラーを設定します。
RG	3 (R, G, B)	ストローク用のカラースペースを /DeviceRGB に変更してカラーを設定します。

表 5-7　カラーとカラースペースを操作する手軽なオペレータ（続き）

オペレータ	オペランドの数（意味）	機能
rg	3（R, G, B）	塗りつぶし用のカラースペースを /DeviceRGB に変更してカラーを設定します。
K	4（C, M, Y, K）	ストローク用のカラースペースを /DeviceCMYK に変更してカラーを設定します。
k	4（C, M, Y, K）	塗りつぶし用のカラースペースを /DeviceCMYK に変更してカラーを設定します。

コンテンツストリームの開始時点では、デフォルトのカラースペースが /DeviceGray に、デフォルトのカラー値は 0（黒の上限値）に設定されているため、そのまま g オペレータを使用することができます。

```
200 250 100 100 re f
0.25 g
300 250 100 100 re f
0.5 g
400 250 100 100 re f
0.75 g
500 250 100 100 re f
```

結果は図 5-7 の通りになります。

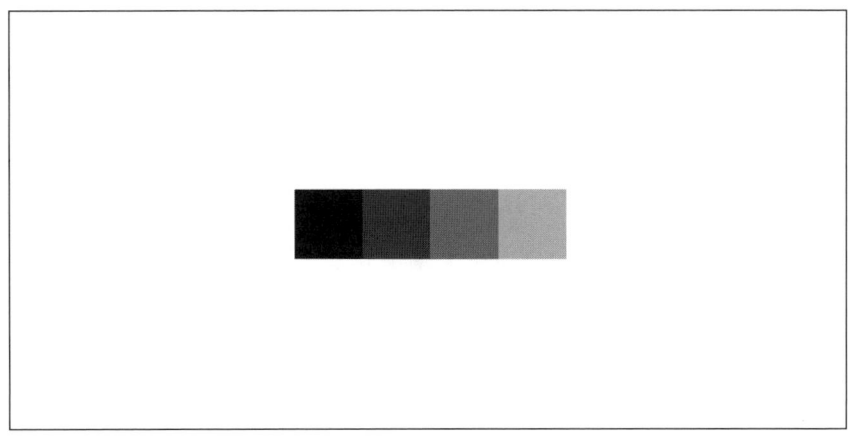

図 5-7　DeviceGray カラースペース

5.5 変換

ここまでで紹介したグラフィックスの状態を変更するオペレータは、以降の操作すべてに影響を与えるようになっています。しかし、qとQというオペレータを用いることで、グラフィックスオブジェクトと（カラーのような）属性を操作する複数のオペレータをひとまとめにし、独立したかたちで扱えるようになります。qオペレータは現在のグラフィックスの状態をいったん待避します。この後、状態を変更し、オブジェクトの描画などの操作を通常通り行います。最後にQオペレータを起動すると、以前に待避した状態が復元されるというわけです。なおq/Qのペアを入れ子状態にし、ネストさせることもできます。

```
0.75 g                          塗りつぶしをライトグレイに変更します
250 250 100 100 re f
q                               グラフィックスの状態を待避します
0.25 g                          塗りつぶしをダークグレイに変更します
350 250 100 100 re f
Q                               以前に待避したグラフィックスの状態を復元します
450 250 100 100 re f            ライトグレイに戻ります
```

ストリーム中のq/Qオペレータは、必ずペアになっている必要があります（ただし、グラフィックスストリームの終了時には足りないQオペレータが補足されます）。図5-8は上記のコードを処理した結果です。

q/Qのペアは、**座標変換**の影響を局所化にしたい場合にも用いられます。ユーザ空

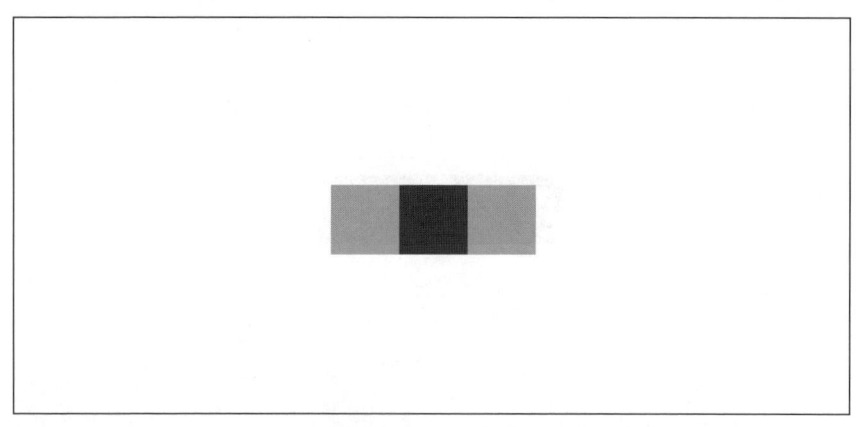

図5-8　qオペレータとQオペレータを使用して、カラーの属性を局所的に変更する

5.5 変換 | **83**

間座標からデバイス空間座標への座標変換には cm オペレータを使用します。これは**現在の座標変換マトリクス（CTM）**と呼ばれており、この状態を変換すると元に戻すのは結構大変であるため、q/Q のペアを使って局所化することが一般的となっています。

cm オペレータは 6 つの引数を受け取ります。これらの引数は CTM の構成要素となるマトリクスを指定するものです。以下は基本的な変換です。

- (*dx*, *dy*) という変換は 1, 0, 0, 1, dx, dy と指定します。
- (0, 0) に対する (*sx*, *sy*) という倍率変更は sx, 0, 0, sy, 0, 0 と指定します。
- (0, 0) に対する反時計回りによる *x* ラジアンの回転は cos x, sin x, -sin x, cos x, 0, 0 と指定します。

cm オペレータは CTM を指定した変換で置き換えるのではなく、指定した変換を CTM に連結します。（原点でない）任意の点を中心にして回転や倍率変更を行うには、原点を変換し、回転や倍率変更を行った後、変換を元に戻すことになります。

あらゆるグラフィックステキストは、こういった数学的変換を考慮しています。詳細については、「10.5 **PDF とグラフィックスの参考文献**」を参照してください。

図 5-9 の図形を描画する、以下の例を考えてみましょう。

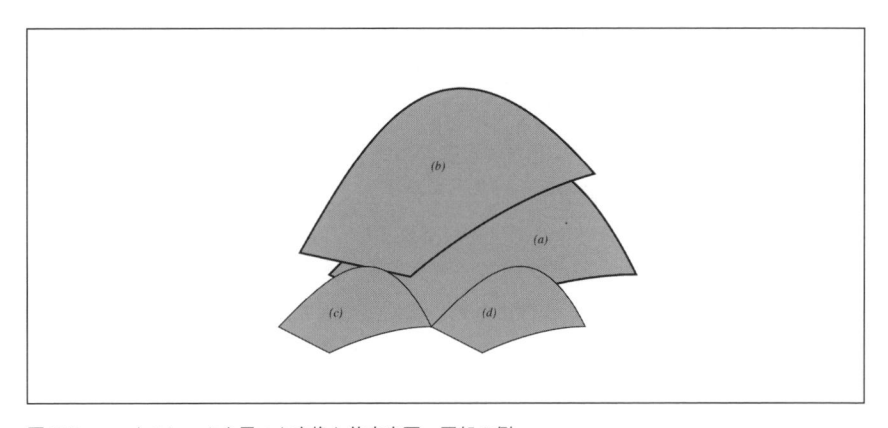

図 5-9　cm オペレータを用いた変換と倍率変更、回転の例

```
2.0 w
0.75 g
100 100 m 200 200 300 300 400 100 c     (a) 変換していない形状
300 100 200 50 y h B
q
0.96 0.25 -0.25 0.96 0 0 cm             (b) 反時計回りに 1/4 ラジアン回転させます
100 100 m 200 200 300 300 400 100 c
300 100 200 50 y h B
Q
q
0.5 0 0 0.5 0 0 cm                      (c) 元の形状を原点に対して 0.5 だけ倍率変更します
100 100 m 200 200 300 300 400 100 c
300 100 200 50 y h B
1 0 0 1 300 0 cm                        (d) 新たな空間において 300 ユニット分
                                            （すなわち元の空間における 150 ユニット分）、
                                        (c) を変換します
100 100 m 200 200 300 300 400 100 c
300 100 200 50 y h B
Q
```

変換の影響を局所化するための q と Q の使い方にご注意ください。

5.6　クリッピング

　パスは、通常通りに作成した後で**クリッピングパス**に指定することができます。これによって当該パスの領域内にあるコンテンツだけが表示されるようになります。クリッピングパスに指定するには、W オペレータ（非ゼロのワインディング規則）や W* オペレータ（奇偶規則）を使用します。

　このオペレータは、与えられたパスと既存のクリッピングパスの積算（intersect）を行うため、クリッピング領域を広げることはできず、より小さくしていくことしかできません。クリッピングパスは、現在のパスとしても有効であるため、S オペレータなどを使用することで、そのクリッピング領域の輪郭を描くこともできます。なお、W オペレータは塗りつぶし操作のための修飾子であるため、新たなクリッピングパスの輪郭を描きたくない場合、S の代わりに n というオペレータを指定する必要があります。以下はクリッピングパスを定義するコードの例です。

```
200 100 m 200 500 l 500 100 l h W S
```

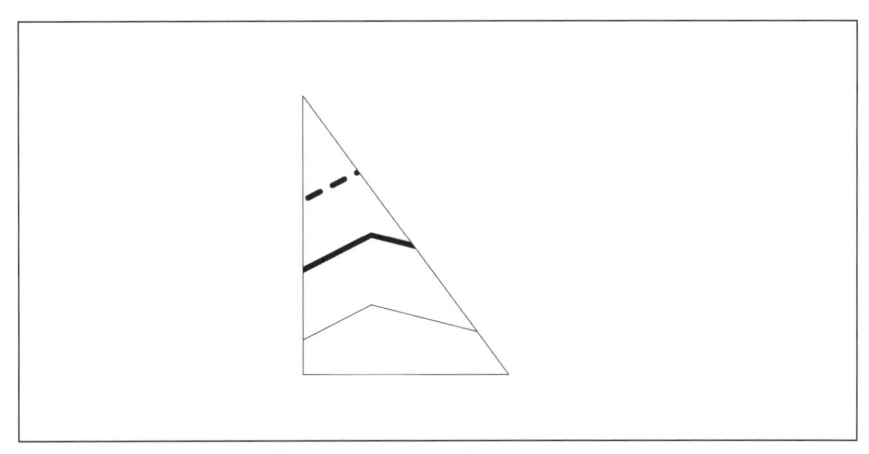

図 5-10　パスのクリッピング（パスも表示しています）

　これで直角三角形の形をした閉じたパスが定義され、W によってクリッピング領域が設定され、S を用いてストロークが描かれています。このクリッピングパスの設定を設定した後で、**図 5-2** と同じ図形を描画したものが**図 5-10** です。

5.7　透明度

　PDF には、少し複雑ですが透明度を制御する洗練されたメカニズムが用意されており、さまざまなカラースペース内でさまざまなブレンドやグループ化された透明度を指定できるようになっています。ここでは簡単なものに的を絞って解説します。

　透明度を指定するオペレータは用意されておらず、gs オペレータを使用してページのリソース中に定義されている /ExtGState エントリ内の /ca エントリから塗りつぶしの透明度レベルをロードするようになっています。/ExtGState エントリは**外部グラフィックスの状態**をまとめておく辞書であり、gs オペレータを用いてロードすることができるようになっています。

　以下の例では、ページのリソース中にある /ExtGState エントリ内に /gs1 という状態のコレクションだけが格納されています。そして /gs1 には、塗りつぶしの透明度を設定するための /ca エントリだけが格納されています。

```
3 0 obj
<< /ExtGState
   << /gs1
```

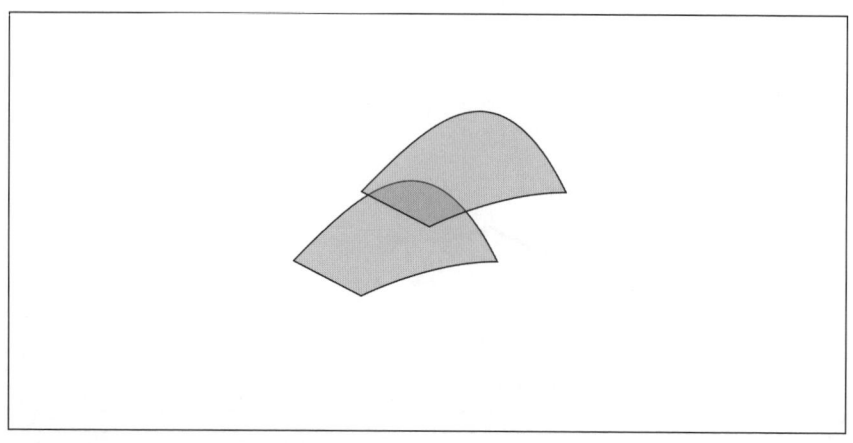

図 5-11　PDF における透明度の指定

```
    << /ca 0.5 >>                        半透明
  >>
>>
```

以下は、対応するコンテンツストリームです。

```
2.0 w                                    線幅を 2 ポイントに設定します
/gs1 gs                                  外部グラフィックス状態から /gs1 を選択します
0.75 g                                   ライトグレイを選択します
200 250 m 300 350 400 450 500 250 c
400 250 300 200 y h B
1 0 0 1 100 100 cm
200 250 m 300 350 400 450 500 250 c
400 250 300 200 y h B
```

結果は、**図 5-11** の通りとなります。指定する透明度は、0 が完全に透明であり、1 が完全に不透明となります。/ca の代わりに /CA を使用することでストロークの透明度も変更できます（もちろん双方を同時に使用することもできます）。

5.8　シェードとパターン

　PDF ではオブジェクトの塗りつぶしやストローク時に、単色だけでなくさまざまなパターンを使用できるようになっています。

- タイリングパターン——ページ内で**パターンセル**が繰り返されるものです。
- シェーディングパターン——オブジェクトを塗りつぶす際に 2 色間のグラデーションを用いるものです。これにはさまざまなオプションや設定を伴ったバリエーションが用意されています。

    — 機能に基づいたもの

    — 座標軸に沿ったもの

    — 放射状のもの

    — 自由形式のグローシェーディング三角形メッシュ

    — 層形式のグローシェーディング三角形メッシュ

    — クーンズパッチメッシュ

    — テンソル積パッチメッシュ

ここでは座標軸に沿ったものと放射状のものを考えてみます。

パターンは、cs オペレータを用いて /Pattern カラースペースに変更した後、scn オペレータを用いてパターン名を選択することで指定できます。パターン自体は、ページのリソース中に格納した /Pattern 辞書内でパターン名とともにリストしておきます。以下の例を見てください。

```
/Pattern
  <<
    /GradientShading                        パターン名
    <<
      /Type /Pattern
      /PatternType 2                        シェーディングパターン
      /Shading
        <<
          /ColorSpace /DeviceGray
          /ShadingType 2                    直線的なシェーディング
          /Function << /FunctionType 2 /N 1 /Domain [0 1] >>
          /Coords [150 200 450 500]         グラデーションの開始座標と終了座標
          /Extend [true true]
```

        >>
      >>
    >>

これによって座標軸に沿ったシェーディングパターンが定義されます。ここではパターン名を /GradientShading にしています。そのシェーディングのパターンタイプは、2（座標軸に沿ったもの）としています。ここで定義したシェーディングをまとめると、以下の通りになります。

- カラースペースは /DeviceGray
- シェーディングタイプは 2（座標軸に沿ったもの）
- シェーディングの開始座標と終了座標はそれぞれ (150, 200) と (450, 500)

ここでは /Extend や /Function といったエントリについては解説しません。これでパターンを指定し、形状を描画できるようになりました。

```
/Pattern cs                              塗りつぶし用のパターンカラースペースを選択します
/GradientShading scn                     先ほど定義したパターンをカラーとして選択します
250 300 m 350 400 450 500 550 300 c
450 300 350 250 y h f
```

結果は図 5-12 の通りとなります。

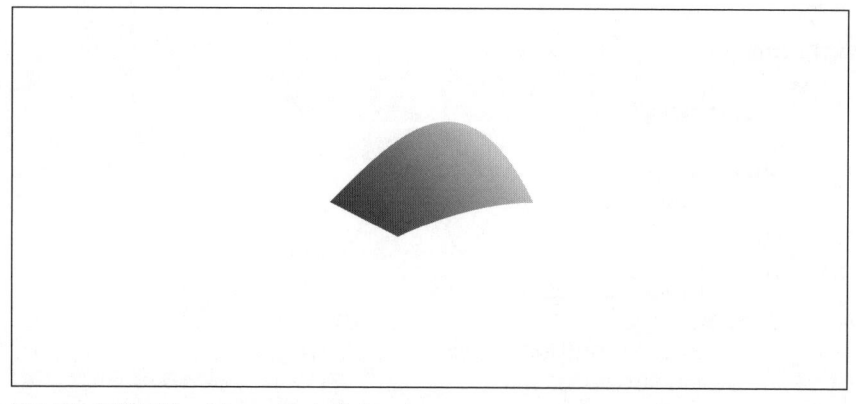

図 5-12　座標軸に沿ったシェーディングパターン

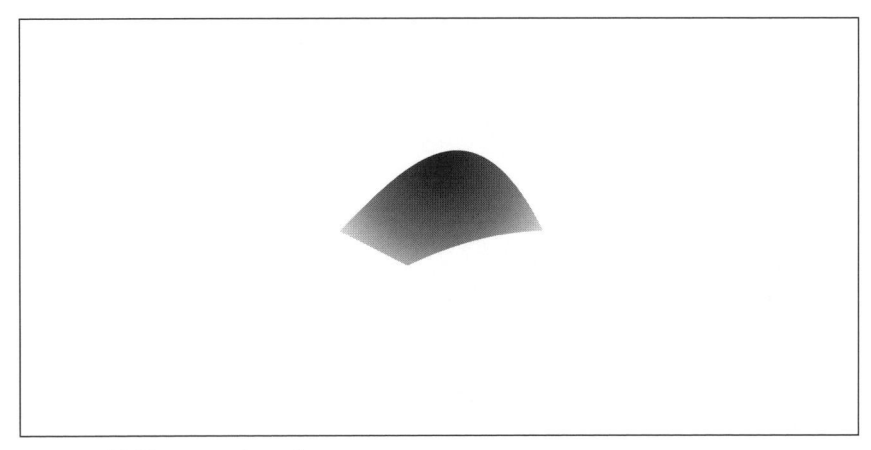

図 5-13 放射状のシェーディングパターン

/ShadingType を 3 に変更し、/Coords エントリを [400 400 0 400 400 200] に変更することで放射状のシェーディングに変えることができます。なお、この場合のシェーディングの内側の半径は 0、外側の半径は 200 で、いずれの中心も (400, 400) となります。

/Coords [400 400 0 400 400 200]
/ShadingType 3

結果は図 5-13 の通りとなります。

5.9　フォーム XObject

「5.5　変換」では、オブジェクトを表示する際に、q オペレータと Q オペレータを使用してさまざまな変換を使用しました。しかし、こういった操作はオブジェクトを描画するたびに繰り返す必要があります。このため、これらのグラフィックス命令一式を別途定義しておくことで、(他のページからでも) 繰り返し使用でき、さまざまな位置に配置したり、倍率を変更できるようになる**フォーム XObject** という構造が用意されています。

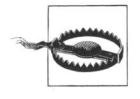

> フォーム XObject は PDF のフォーム (データ入力時に使用するもの) とは何の関係もありません。

```
3 0 obj                            現在のページのリソース
<<
  /XObject << /X1 5 0 R >>         XObjectの名前を/X1にします
>>
endobj
5 0 obj                            XObject本体です
<<                                 XObjectの辞書です
  /Type /XObject
  /Subtype /Form
  /Length 69
  /BBox [0 0 792 612]
>>
stream                             XObjectのコンテンツです
2.0 w
0.5 g
250 300 m 350 400 450 500 500 300 c
450 300 350 250 y h B
endstream
endobj
```

上記リストのオブジェクト3は、ページの /Resources エントリです。その /XObject エントリは該当ページ内で使用する XObject を並べた辞書です。ここでは /X1 という XObject を指定しており、その本体がオブジェクト5であると定義しています。なお、オブジェクト5はストリームであり、その辞書中に以下のエントリが格納されています。

/Type
　　このオブジェクトのタイプである /XObject という値が格納されます。

/Subtype
　　この XObject のサブタイプである /Form という値が格納されます。

/Length
　　ストリームの長さをバイト単位で表現した値が格納されます。

/BBox
　　XObject の矩形領域が格納されます。上記の例ではページ自体と同じサイズが指定されています。

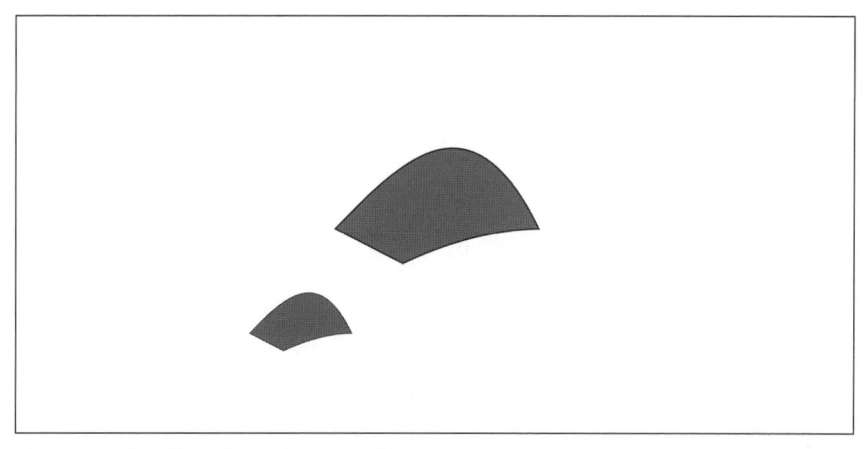

図 5-14　2 種類の倍率を使用したフォーム XObject の例

このストリームには直線と線幅、そして形状自体を設定するコードが含まれています。では、XObject の名前をオペランドとして用いた Do オペレータを記述し、コンテンツストリーム内から XObject を使用してみましょう。

```
/X1 Do                  XObject の /X1 を起動します
0.5 0 0 0.5 0 0 cm      原点に対する倍率を 0.5 に設定します
/X1 Do                  新たな倍率で XObject をふたたび起動します
```

結果は図 5-14 の通りとなります。

Do オペレータに遭遇すると、現在のグラフィックス状態が保存され、XObject の /Matrix エントリ（あれば）が CTM に連結され、コンテンツが描画され（XObject の /BBox でクリッピングされます）、最後に現在のグラフィックス状態が復元されるわけです。

5.10　イメージ XObject

イメージについても別途オブジェクトとして定義し、ページのリソース辞書中にある /XObject エントリ内に格納しておくことができます。こういったオブジェクトはグラフィックスコンテンツストリームから独立しているため、ページ間をまたがって何度も再利用できます。イメージを指定するには、イメージデータ（JPEG などのさまざまなメカニズムを用いて圧縮されるのが一般的です）とその幅、高さの他、該当

イメージデータをカラースペースに変換するために必要となるパラメータを指定します。

以下は、イメージ XObject のリソースエントリです。

<< /XObject << /X2 5 0 R >> >>

以下は、/X2 というイメージ XObject の定義です。

```
5 0 obj
<<
  /Type /XObject              タイプは XObject です
  /Subtype /Image             サブタイプはイメージです
  /ColorSpace /DeviceGray     イメージのカラースペースであり、
                              ここから要素の数も決定されます
  /Length 8                   ストリームの長さをバイトで指定したものです
  /Width 8                    ピクセル単位で指定したイメージの幅です
  /Height 8                   ピクセル単位で指定したイメージの高さです
  /BitsPerComponent 1         各要素で使用するビットの数です
>>
stream @`pxxp`@               これがイメージデータ本体です
endstream
```

この例では、手作業で入力しやすいイメージデータとして、64 ビットの単純な白黒イメージデータを作成しています。通常の場合、イメージは大量のピクセルで成り立っており、各ピクセルには最大 16 ビットの情報を保持した 1 つか 3 つ、4 つの要素で構成されています。

また、イメージは常にユーザ空間内の (0, 0)...(1, 1) という座標に対応付けられるため、cm オペレータを使って適切なサイズと位置に投影することができます。

```
q
1 0 0 1 100 100 cm           変換
200 0 0 200 0 0 cm           倍率変更
/X2 Do                       イメージ XObject の起動
Q
q
1 0 0 1 400 100 cm           異なった位置と倍率でもう一度起動します
100 0 0 100 0 0 cm
/X2 Do
Q
```

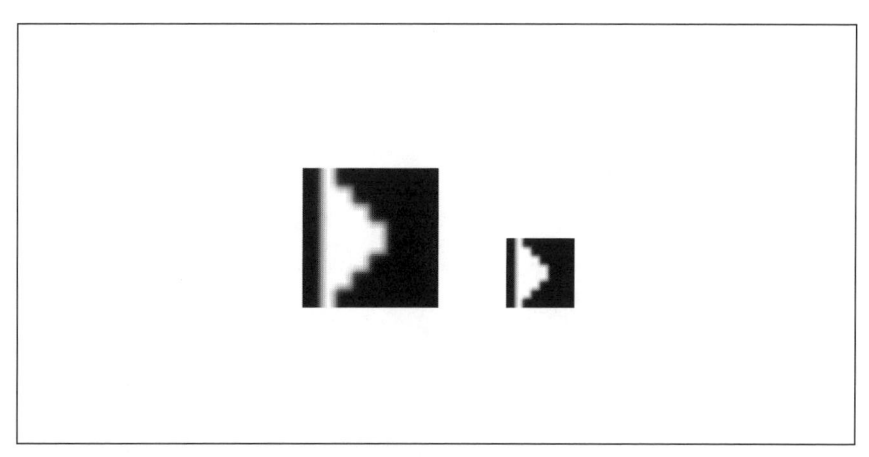

図 5-15　イメージ XObject を使って 2 種類の倍率で表示する

結果は**図** 5-15 の通りとなります。

6章
テキストとフォント

前の章では、ページのコンテンツを描画するためのグラフィックスオペレータについて解説しました。こういったオペレータは、オペランドとスタックに基づいたグラフィックスの状態を参照しながら実行されます。

この章では、フォントから文字を選択し、ページ上に描画していくためのオペレータや状態を解説しています。その後、PDFドキュメント中でフォントやメトリクスを定義し、埋め込む方法も解説します。最後に、ドキュメントからテキストを抽出する汎用の複雑なタスクについても解説します。

6.1　PDFにおけるテキストとフォント

ページ記述言語の中には、テキストのレイアウトを一切行わず、枠組みやカラムにプレインテキストを流し込む段階でレイアウトを行う、デスクトップパブリッシングパッケージのようなものもあります。その一方で、フォントやテキストといったものをいっさい規定せず、ドキュメントを作成する際にテキストを実際のグリフ（字形）群へと変換して、レイアウトを確定してしまう、ワードプロセッサのようなものもあります。

PDFはその中間に位置しています——大まかなパラグラフのレイアウトは前もって行っておくものの、フォントやテキストのレイアウトといった細々したことは後回しにしてしまうのです。この方法には以下のような利点があります。

- 大まかなレイアウト（パラグラフや改行）はPDFを生成するプログラム側の作業となるため、ドキュメントの制作者側がレイアウトの主導権を握ることができるようになります。これにより、意図した通りにドキュメントが表示されます。

- 固定幅の文字列配置といった細々したテキストレイアウトは表示時に対応されるため、こういったレイアウトを明示的に定義しておく必要がなくなります。

- フォントグリフをライブラリ形式で管理することによって容量の節約を図るとともに、使用している文字のフォントだけをファイルに埋め込むことで、互換性と可搬性の問題についての最適解を実現できるようになります。

- 元の文字群や一部のレイアウト要素が維持されるため、多くの場合において、コピー&ペーストやテキストの抽出が可能になります。

6.2 テキストの状態

表6-1は、テキストの状態を表すパラメータと、そのパラメータを変更するオペレータをまとめたものです。

表6-1 テキストの状態に関するパラメータとそのオペレータ

パラメータ	意味	オペランド	オペレータ	初期値
T_c	文字間隔	charSpace	Tc——これによって文字間隔がcharSpaceになります（charSpaceはスケーリングされていないテキスト空間単位で表現します）。	0
T_w	単語間隔	wordSpace	Tw——これによって単語間隔がwordSpaceになります（wordSpaceはスケーリングされていないテキスト単位で表現します）。	0
T_h	水平間隔	scale	Tz——これによって水平間隔が(scale/100)になります。	100（通常の間隔）
T_l	レディング	leading	Tl——これによってテキストのレディング（行と行の間に置かれる垂直方向の余白）がleadingになります（leadingはスケーリングされていないテキスト空間単位で表現します）。	0
T_f, T_{fs}	フォント、フォントサイズ	font], size	Tf——これによってsizeポイントのフォントfontが選択されます。	なし（必須）
T_{mode}	描画モード	render	Tr——これによって描画モードがrenderになります（renderは整数で表現します）。	0

表6-1　テキストの状態に関するパラメータとそのオペレータ（続き）

パラメータ	意味	オペランド	オペレータ	初期値
T_{rise}	ベースライン調整	rise	Ts——これによってテキストのベースラインがriseになります（riseはスケーリングされていないテキスト空間単位で表現します）。	0

「スケーリングされていないテキスト空間単位」という言葉の意味については、「6.3.2　テキスト空間とテキストの位置決め」で解説しています。テキストの状態はグラフィックスの状態とともに保存され、上記のオペレータを用いて操作することになります。なお、現在のテキストの状態は、グラフィックスの状態と同様にqとQというスタックオペレータによって待避、復元することができます。

6.3　テキストの印字

ページ上にテキストを描画するためには、以下の作業が必要となります。

1. フォントを選択します。
2. 位置とサイズ、方向を選択します。
3. 間隔とカラー、テキスト描画モードなどのパラメータを選択します。
4. フォントから文字を選択し、ページ上に描画します。

6.3.1　テキストの選択

テキストセクションは、BT（Begin Text）とET（End Text）というオペレータで囲むことによって作り出すことができます。ページのコンテンツストリーム中にテキストを描画するためのオペレータは、BTとETの間にしか記述することができません。しかし、テキストの状態を変更するオペレータにはこういった制限がありません。またテキストセクション中には、グラフィックスの状態を変更するための他のオペレータを記述することもできます。

例として、第2章の"Hello, World!"にもう一度目を向けてみましょう。

```
1. 0. 0. 1. 50. 700. cm          (50, 700) に移動
BT                                テキストブロックの開始
  /F0 36. Tf                      36 ポイントの /F0 フォントを選択
  (Hello, World!) Tj              テキスト文字列を配置
ET                                テキストブロックの終了
```

ここでは、Tf オペレータにフォント名とサイズを指定してフォントを選択した後、Tj オペレータを用いてテキスト文字列を描画しています。また、cm というグラフィックスオペレータを用いてテキストの位置を決定しています。では、テキストの位置を変更するその他の手法について解説しましょう。

6.3.2 テキスト空間とテキストの位置決め

テキスト空間とは、テキストを定義する座標系のことです。このテキスト空間からユーザ空間への変換（さらにはデバイス空間への変換）によって、テキストのページ上の位置が決定されるのです。つまり、テキスト文字列の最初のグリフの原点がテキスト空間の原点に配置されるわけです。

ここで以下の 2 つのマトリクスを考慮する必要があります。

- **テキストマトリクス**——次のグリフに適用する現在の変換が定義されています。これはテキストの位置を変更するオペレータや、テキストを描画するオペレータによって変更されます。

- **テキスト行マトリクス**——これは現在の行の先頭におけるテキストマトリクスの状態です。この状態があれば、行の開始位置を別途管理しておかなくても、次の行に移動するオペレータを用いるだけで、テキスト行の開始位置は垂直方向にきれいに揃うことになります。

これらのマトリクスは、テキストセクションから次のテキストセクションに引き継がれていくものではなく、各テキストセクションの先頭で同一のマトリクスにリセットされます。そしてこれらは、フォントサイズや水平倍率、テキストのベースラインとともに、テキスト空間からユーザ空間への変換を定義することになるわけです。

表 6-2 はテキストの位置を更新するオペレータをまとめたものです。

6.3 テキストの印字 | 99

表 6-2 テキストの位置を更新するオペレータ

オペランド	オペレータ	機能
x, y	Td	テキストの位置を次の行のオフセット (x, y) に移動します。パラメータはスケーリングされていないテキスト空間単位で表現します。
x, y	TD	テキストの位置を次の行のオフセット (x, y) に移動します。また、レディングは -y に設定されます。パラメータはスケーリングされていないテキスト空間単位で表現します。
-	T*	テキストの位置を次の行に移動します。これは 0 leading Td と等価な操作となります（leading は現在のテキストのレディングです）。
a, b, c, d, e, f	Tm	テキストマトリクスとテキスト行マトリクスを [a b 0 c d 0 e f 1] に設定します。グラフィックスマトリクスオペレータの cm とは異なり、このマトリクスは現在のマトリクスに連結されるのではなく、現在のマトリクスそのものを置き換えます。

6.3.3 テキストの描画

Tj オペレータを用いることで、テキストが現在の位置に描画されます。つまり、このオペレータと先ほど解説したテキストの移動オペレータを組み合わせることになるわけです。ただ、簡潔かつ手軽に使用できるよう、' と "、TJ という 3 つのオペレータも用意されています。これらは、テキストの位置決めとテキストの描画を行う際によく組み合わせて用いられる操作の並びをショートカットとしてまとめたものです。表 6-3 はこういったオペレータをまとめたものです。

表 6-3 テキストを描画するオペレータ

オペランド	オペレータ	機能
string	Tj	現在の位置に string を描画します。
string	'	次の行に移動し、レディングとテキストマトリクスを考慮したうえで、新たな位置に string を描画します。これは T* の後に Tj を続けた操作と等価なものとなっています。
wordspace, charspace, string	"	単語のスペースが wordspace になり、文字スペースが charspace になります。そして次の行に移動し、レディングとテキストマトリクスを考慮したうえで、新たな位置に string を描画します。これは wordspace Tw charspace Tc string ' と等価な操作となっています。

表 6-3 テキストを描画するオペレータ（続き）

オペランド	オペレータ	機能
array	TJ	このオペレータを用いることで、個々のグリフに設定された位置情報による調整（カーニングなど）を行ったうえで、テキスト文字列を描画します。array にはさまざまな組み合わせによる文字列と数値が格納できます。文字列のエントリはそのまま描画され、数値のエントリはその値を減算することでテキストマトリクスの水平位置を補正します（この値はテキスト空間の 1000 分の 1 単位で表現します）。

では、テキストを描画する例をいくつか見てみることにしましょう。ここでは話を簡単にするために、標準フォントと Latin-1 をベースにした PDFDocEncoding を用いています。

6.3.3.1　文字と単語の間隔

最初の例では、さまざまなオペレータを用いてテキストを数行描画しています。図 6-1 はその結果を示したものです。

```
BT
/F0 36 Tf
1 0 0 1 120 350 Tm
50 TL
```

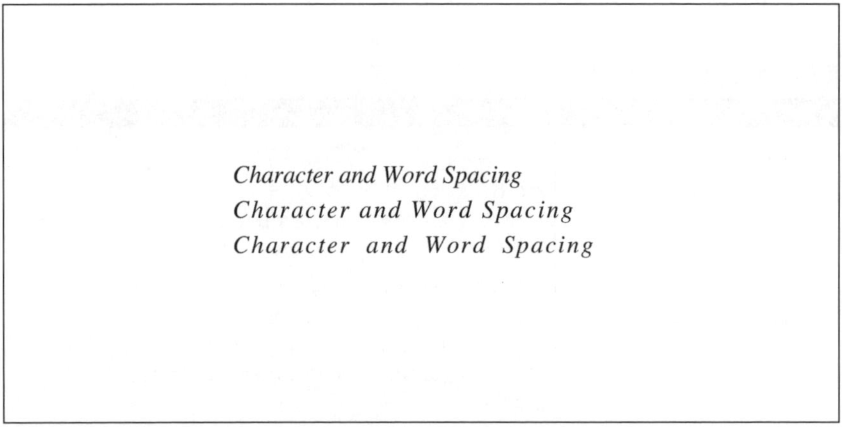

Character and Word Spacing
Character and Word Spacing
Character and Word Spacing

図 6-1　文字と単語の間隔

```
(Character and Word Spacing) Tj T*
3 Tc
(Character and Word Spacing) Tj T*
10 Tw
(Character and Word Spacing) Tj
ET
```

このコードが行っていることは、以下の通りです。

1. Tf を使用して 36 ポイントの /F0 フォントを選択しています。

2. Tm を使用してテキストの位置を (120, 350) に設定しています。

3. TL を使用してレディングを 50 ポイントに設定しています。

4. Tj を用いて文字列を描画し、T* を使用して次の行に移動しています。

5. 文字間隔を 3 ポイントに設定し、文字列をもう一度描画しています。

6. 単語間隔を 10 ポイントに設定し、文字列をさらにもう一度描画しています。

6.3.3.2　テキスト変換

この例では、テキストセクション全体の座標が変換されている場合であっても、テキスト変換とグラフィックス変換の組み合わせによって、テキストの位置決め操作（例えば、次の行への移動）が正しく行われることを見てみましょう。図 6-2 はその結果を示したものです。

```
0.96 0.25 -0.25 0.96 0 0 cm
BT
/F0 48 Tf
48 TL
1 0 0 1 270 240 Tm
(Text and graphics) Tj T*
(transforms combined) Tj T*
(with newlines) Tj
ET
```

このコードが行っていることは、以下の通りです。

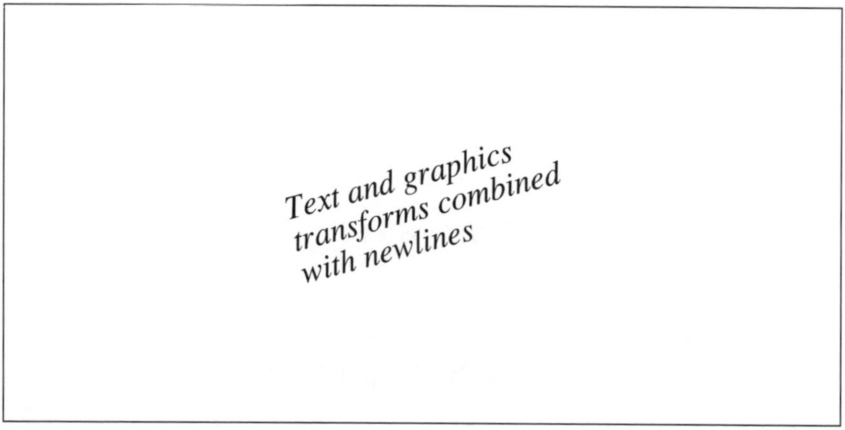

図6-2 テキスト変換

1. cm オペレータを使用し、原点を中心にして反時計回りに回転させたグラフィックスマトリクスを設定しています。

2. Tf と TL を使用し、フォントの選択とレディングを設定しています。

3. Tm を使用し、テキストマトリクスの開始オフセットを (270, 240) に設定しています。

4. Tj と T* を使用し、3 行分の出力を行っています。

6.3.3.3　テキストのベースライン調整

Ts オペレータを用いることで、テキストの垂直位置の微調整が可能になります。

```
BT
/F0 72 Tf
1 0 0 1 140 290 Tm
(Text) Tj
20 Ts
(Up) Tj
0 Ts
(and) Tj
-20 Ts
(Down) Tj
ET
```

$$Text^{Up}and_{Down}$$

図 6-3　テキストのベースラインを調整するオペレータを用いて上付き文字と下付文字を描画する

　図 6-3 はその結果を示したものです。この例では今までと異なり、新たな行を開始することなしに複数回 Tj オペレータを使用しています。Tj オペレータは、テキストの描画後、描画した文字列の終端にテキストの位置を設定するという点にご注意ください。

6.3.3.4　カーニングとグリフの調整

　TJ は Tj のように文字列を描画する際に用いるオペレータですが、水平方向にグリフの調整を行いながら文字列を描画していくという点が異なっています。このオペレータは、ワードプロセッサや植字機を用いてテキストを植字していくような場合、つまりコンテンツの見た目を厳密に調整する必要がある場合に用いられます。TJ は、こういった調整を簡単に行え、数多くのオペレータを組み合わせなくても済むようにしてくれる便利なオペレータであるというわけです。

```
BT
/F0 72 Tf
90 TL
1 0 0 1 240 330 Tm
[(PJ WAYNE)] TJ T*
[(P)150(J )(W)150(A)80(YN)20(E)] TJ
ET
```

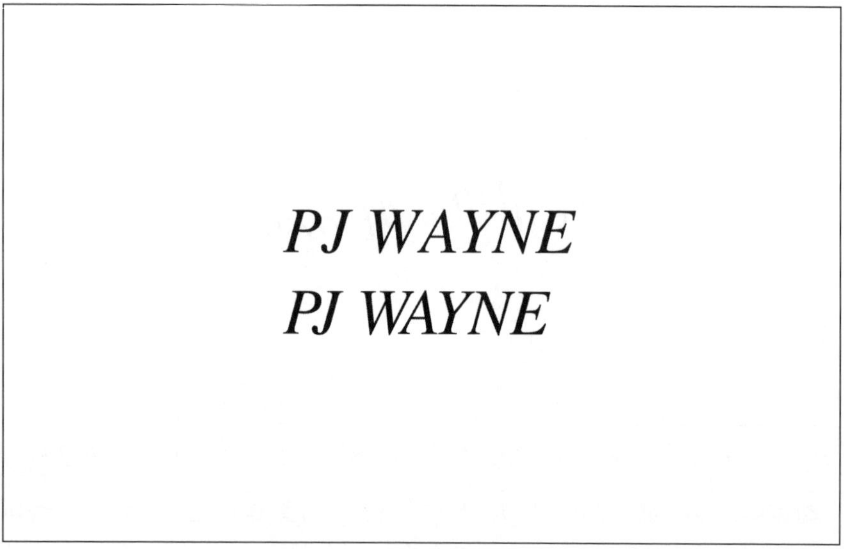

```
                    PJ WAYNE
                    PJ WAYNE
```

図6-4　テキストのカーニング

　この例ではTJを2回使用しています。最初の使用ではテキストを無調整で描画し、2回目の使用ではTJに引き渡す配列内でカーニングを行うための情報を別途指定しています。図6-4はその結果を示したものです。

6.3.3.5　テキストの描画モード

　テキストの描画モードは7種類あり、Trオペレータによって設定できます。そのうちの4つはテキストをクリッピングパスとして設定するためのものであり、1つは見えないテキストを出力するためのものです。本書ではそれらについて解説していません。残りの3つのモード（モード0/1/2）はそれぞれ、塗りつぶし／ストローク／塗りつぶした後でストロークを行う際に用いられます。カラーは、図形の描画と同様の方法で設定します。

```
0.5 g
BT
/F0 72 Tf
1 0 0 1 160 380 Tm
90 TL
```

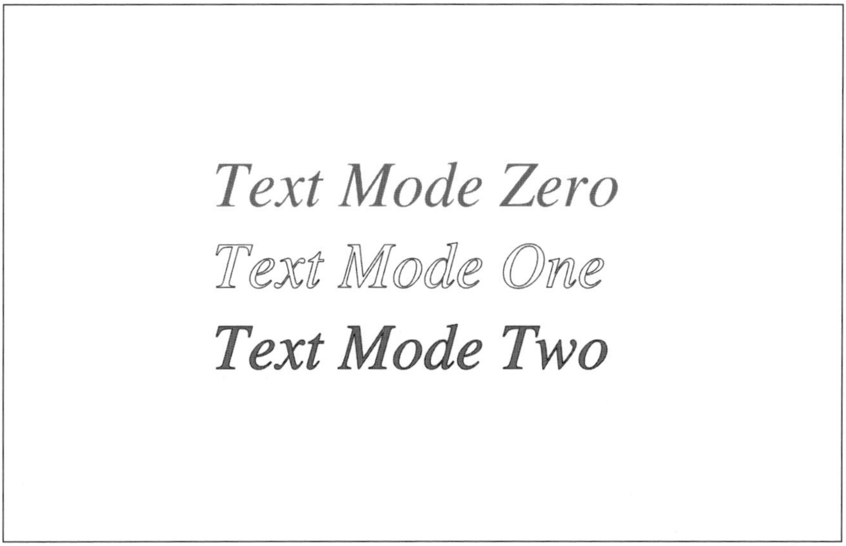

Text Mode Zero
Text Mode One
Text Mode Two

図 6-5 テキストの描画モード

```
(Text Mode Zero) Tj T*
1 Tr
(Text Mode One) Tj T*
2 Tr
(Text Mode Two) Tj
ET
```

図 6-5 はその結果を示したものです。

6.4 フォントの定義と埋め込み

　フォントとは、特定の**文字セット**内に存在する各文字に対応した**グリフ**（字形）のコレクションのことです。PDF において、フォントは**フォント辞書**で構成されており、そこにはメトリクス、文字セット、エンコーディング（テキスト文字列中の文字コードとフォント中の文字を対応付けるもの）とともに**フォントプログラム**（実際のフォントファイルのことです）がさまざまなフォーマット（Type 1 や TrueType など）で定義されています。

6.4.1　PDFにおけるフォントタイプ

　PDFは、現在普及している主なフォント形式をサポートしています。これにはType 3フォントといった、PDFのグラフィックスオペレータ群を直接使用して字形を定義し、(昔のビットマップフォントといった) 任意のフォントタイプのエンコードを可能とするものも含まれています。

Type 1 フォント

　　フォント辞書中には /Type1 というフォントタイプで搭載されています。Type 1 フォントは元々、PostScript で採用されていた Adobe のフォント形式です。Type 1 フォントには標準で 14 種類のフォントが定義されています。また、あるアウトライン一式から多くのフォント形式を自動的に生成できるようにする Multiple Master Type 1 フォント (/MMType1) という Type 1 の拡張版も用意されています。

TrueType フォント

　　フォント辞書中には /TrueType というフォントタイプで搭載されています。これは、Apple の TrueType フォント形式に基づいたものです (ただし、Microsoft Windows でもよく使用されています)。

Type 3 フォント

　　フォント辞書中には /Type3 というフォントタイプで搭載されています。このフォントは PDF のグラフィックスオペレータのストリームによって構成されています。このことは、カラーやシェーディングを含めることができ、柔軟性が高いということを意味しているものの、小さなサイズでもクリアな描画を行えるメカニズムは搭載されていません。しばしば他のフォント形式 (ビットマップフォントなど) をエミュレートするために用いられます。

CID フォント

　　これは複数の文字セット (中国語などの膨大な数のグリフを有しているフォントなど) をサポートするための**複合フォント**です。これについては本書で解説していません[†]。

[†] 　CID フォントを使用した日本語の表示については第 6.5 章で解説しています。

6.4.2 Type 1 フォント

ここでは Type 1 フォントを例にとって解説します。表 6-4 は Type 1 フォント辞書のエントリをまとめたものです。

表 6-4　Type 1 フォント辞書（* は必須エントリ、** は標準の 14 フォント以外で必須となるエントリ）

キー	値の型	値
/Type	名前	/Font という値が格納されます。
/Subtype*	名前	/Type1 という値が格納されます。
/BaseFont*	名前	PostScript におけるフォント名が格納されます。
/FirstChar**	整数	/Widths 配列における最初のコードが格納されます。
/LastChar**	整数	/Widths 配列における最後のコードが格納されます。
/Widths**	整数の配列	長さが（/LastChar - /FirstChar + 1）の配列中に、文字グリフの幅をテキスト空間の 1/1000 単位で指定した値が格納されます。
/FontDescriptor**	辞書への間接参照	フォントのメトリクス（グリフの幅以外の情報）を指定するフォントディスクリプタ辞書が格納されます。
/Encoding	名前または辞書	/MacRomanEncoding や /WinAnsiEncoding といった、フォントの文字エンコーディングが格納されます。より複雑なものは辞書によって指定されます。
/ToUnicode	ストリーム	テキストコンテンツを抽出するための命令を保持したストリームが格納されます。詳細は、「6.5　ドキュメントからのテキストの抽出」を参照してください。

PDF 規格には 14 種類の Type 1 フォントが標準搭載されています。これらのメトリクスとアウトライン（あるいは適切な代替フォント）は、あらゆる PDF アプリケーションで利用可能になっていなければなりません。しかし最近では、Adobe はこういったものを含め、すべてのフォントの埋め込みを推奨しています。標準の 14 フォントは以下の通りです。

- Times-Roman
- Times-Bold
- Times-Italic
- Times-BoldItalic

- Helvetica
- Helvetica-Bold
- Helvetica-Oblique
- Helvetica-BoldOblique
- Courier
- Courier-Bold
- Courier-Oblique
- Courier-BoldOblique
- Symbol
- ZapfDingbats

以下は、簡単な Type 1 フォントの使用例です。

```
1 0 obj
<< /Type /Font
   /Subtype /Type1
   /BaseFont /Times-Roman
   /FirstChar 0
   /LastChar 255
   /Widths [ 255 255 255 255 ... 744 268 380 380 380 380 380 380 380 380 380 380 ]
   /FontDescriptor 2 0 R
   /Encoding /WinAnsiEncoding
>>
```

... はデータの省略を意味しています（該当部分は単なるデータであり、PDF 規格そのものではないため）。/FontDescriptor と /Encoding というエントリについては後ほど解説します。/Widths 配列には、このフォント中の 256 文字それぞれに対する文字幅が、テキスト空間の 1/1000 単位で格納されます。

6.4.3 フォントのエンコーディング

フォントのエンコーディングは、文字コード(コンテンツストリーム内で用いられる文字列中の文字のコード)とフォント中のグリフ定義を対応付けるためのものです。フォントプログラムには自らのエンコーディングが組み込まれているものの、PDF ではフォントのエンコーディングを変更することで、Macintosh のフォントを Microsoft Windows のエンコーディングで使用したり、256 種類以上のグリフが搭載されたフォント(例えばリガチャのような合字に対応したフォント)から 256 種類の文字を選択し、それを単一バイトのエンコーディングで使用したりするといったことが可能になります。

最も単純な /Encoding エントリは、標準的なエンコーディング名が格納されただけのものであり、それらの名前は PDF 規格の Annex D で定義されています。また、エンコーディング名の代わりに辞書を使用することで、より複雑なエンコーディングを定義することもできます。表 6-5 はエンコーディング辞書のエントリをまとめたものです。

表 6-5 エンコーディング辞書のエントリ

キー	値の型	値
/Type*	名前	/Encoding という値が格納されます。
/BaseEncoding	名前	/Differences エントリで差分を定義する際の、元となるベースエンコーディングが格納されます。これはすでに定義されている /MacRomanEncoding や /MacExpertEncoding、/WinAnsiEncoding のうちの 1 つとなります。このエントリがない場合、フォントファイルの組み込みエンコーディングからの差分となります。
/Differences	整数と名前の配列	ベースエンコーディングとの差分が格納されます。この配列は、それぞれが数値 n で開始され、文字 n、文字 n+1、文字 n+2、… のグリフ名の続いたセクションがゼロ回以上繰り返されたものです(例えば、[6 /endash /emdash 34 /space] は 6 を /endash に、7 を /emdash に、34 を /space に対応付けることになります)。

例 6-1 では、組み込みフォントのエンコーディングに対して文字コード 1 を文字 /bullet(箇条書き記号)で置き換えた差分が定義されます。これにより PDF ビューアは、文字コード 1 が箇条書き記号であると認識できるようになるため、テキストのカット & ペーストが正しく行えるようになるわけです(/bullet などの名前は Adobe Glyph List であらかじめ定義されています)。

例 6-1　箇条書き記号を追加したフォントのフォントエンコーディング

```
25 0 obj
<< /Type /Font
   /Subtype /Type1
   /Encoding 23 0 R              エンコーディング辞書への参照
   /BaseFont /Symbol
   /ToUnicode 24 0 R             Unicode への変換指示
>>
endobj

23 0 obj                         エンコーディング辞書
<< /Type /Encoding
   /BaseEncoding /WinAnsiEncoding
   /Differences [ 1 /bullet ]    ベースエンコーディング
                                 差分
>>
endobj
```

6.4.4　フォントの埋め込み

　PDFファイルを作成する際、PDFの表示/処理プログラムがグリフの詳細とエンコーディングを利用できるよう保証するには、フォントを**埋め込んでおく**必要があります。以下は、フォントを埋め込むむための手順です。

1. フォントファイルのさまざまな情報を抽出します。この処理の詳細は取り扱うフォント形式によって変わってきます。こういった情報（メトリクスやエンコーディングなど）はフォント辞書やフォントメトリクス、フォントのエンコーディング辞書を作成するために用いられます。

2. 上記の手順でグリフの詳細以外の情報はすべて取り扱うフォントファイルから抽出され（フォント形式がこういったことを許している場合に限られます）、フォント辞書中に格納されることになるわけです。これによって埋め込みフォントのサイズを小さくすることができます。

3. フォントは、実際に使用される文字情報だけが保持されるよう、不必要なグリフの詳細をすべて削除して**サブセット化**することができます。例えば、ドキュメントのタイトルに用いられているフォントはせいぜい 10 文字程度のはずです。また、フォント形式にもよりますが、エンコーディングを変更

し、使用する文字の定義位置が 1、2、3、... といったかたちでフォント中の先頭から順に並ぶようにしなければならない場合もあり得ます。なお、サブセットのフォントには RTFGRF+ のように、6 文字の英大文字の後に + を伴うプレフィックスが付加されます。これら固有コードは、さまざまなサブセットを区別する必要が出てくる場合に、サブセットの作成時に決定されます。

例 6-2 は、埋め込みフォントの使用例です。

例 6-2 エンコーディングとフォントディスクリプタを含む埋め込みフォントの例

```
9 0 obj
<</Type /Font
   /Subtype /TrueType              これは TrueType フォントです
   /BaseFont /GCCBBY+TT8Et00       フォントは TT8Et00 であり、GCCBBY+ という
                                   プレフィックスにより、このフォントは
                                   サブセットであることが示されています
   /FontDescriptor 8 0 R
   /FirstChar 1                    このフォントには 41 文字が格納されています
   /LastChar 41
   /Widths
     [603 603 603 603 603 603 603 603 603 603 603 603 603
                                   幅──これは固定幅フォントです
      603 603 603 603 603 603 603 603 603 603 603 603 603
      603 603 603 603 603 603 603 603 603 603 603 603 603]
   /Encoding 14 0 R
>>

14 0 obj                           フォントのエンコーディング
<< /Type /Encoding
   /BaseEncoding /WinAnsiEncoding  ベースエンコーディング
   /Differences                    変更点──ここでは、1 以降に文字を割り当てた
                                   サブセットフォントとなります
     [1 /w /i /d /g /e /t /s /T /h /space /r /u /l /a /x /bracketleft
      /underscore /J /o /n /S /m /quotesingle /A /p /c /bracketright
      /one /colon /braceleft /b /k /braceright /v /period /parenleft
      /two /parenright /asterisk /y /P]
>>
endobj
```

例6-2 エンコーディングとフォントディスクリプタを含む埋め込みフォントの例（続き）

```
8 0 obj                              他のメトリクスを指定するフォントディスクリプタ
<< /Type /FontDescriptor
   /FontName /GCCBBY+TT8Et00
   /FontBBox [0 -205 602 770]
   /Flags 4
   /Ascent 770
   /CapHeight 770
   /Descent -205
   /ItalicAngle 0
   /StemV 90
   /MissingWidth 602
   /FontFile2 12 0 R                 実際のフォントファイル——ここではTrueType形式
>>
endobj
```

実際のフォント形式（Type1やTrueTypeなど）についての詳細は、ここでは解説していません——実際のところPDF規格でも言及されていません（そういったフォント形式の詳細は該当フォントを提供している会社や組織が発行している文献を参照するようになっているのです）。

6.5　ドキュメントからテキストを抽出する

ファイルのフォント辞書中には、実際の文字情報（グリフ以外の情報）を抽出できるようにするための十分な情報を含めておくことが慣習となっています。これは、Adobe ReaderのようなPDF閲覧アプリケーションでテキストを検索したり、ドキュメント中のテキストをコピーできるようにするうえで重要なこととなります。また、非力なアプリケーションで、ドキュメントのテキストコンテンツを編集する際にも用いることができます。

こういったことを行うメカニズムとして、フォント中の/Encodingエントリ（これは文字コードと/bulletのようなAdobe Glyph Listエントリを対応付けるものです）と、より近代的なメカニズムである/ToUnicodeエントリ（これは文字コードとUnicodeエントリを直接対応付けるための、Adobeが定義した言語によるプログラムを指定するためのものです）の2つが提供されています。以下は/ToUnicodeプログラムを使って指定した例です。

```
23 0 obj
<< /Length 317 >>
stream
/CIDInit /ProcSet findresource begin 12 dict begin begincmap /CIDSystemInfo <<
/Registry (Symbol+0) /Ordering (T1UV) /Supplement 0 >> def
/CMapName /Symbol+0 def
1 begincodespacerange <01> <01> endcodespacerange
1 beginbfrange
<01> <01> <2022>           文字コード 1 を Unicode の U+2022 の
                           箇条書き記号に対応付けます
endbfrange
endcmap CMapName currentdict /CMap defineresource pop end end
endstream
endobj
```

テキストの抽出におけるもう一つの難題は、コンテンツストリーム内におけるテキストオペレータの再構築です。カーニングや行端揃えのためにテキストがオペレータによって分割されたり、行末のハイフネーションによって一連の文字が分断される場合もあるのです。実際のところ、テキストオペレータの順序が変わってしまう可能性すらあります。しかし、最近の PDF ではたいていの場合、テキストの正しい再構築が行われるようになっています。

6.6 リソース

この章で扱っている話題の詳細については、PDF 規格以外にも数多くのドキュメントで解説されています。

- Unicode については、The Unicode Consortium が発行している *The Unicode Standard, Version 5.0* で詳細に規定されています。より敷居の低い書籍としては *Unicode Explained*（Jukka K. Korpela 著、O'Reilly 刊）があります。

- *Fonts and Encodings*（Yannis Haralambous 著、O'Reilly 刊）では、PDF が使用しているさまざまなフォント形式について解説されています。

- The Adobe Font and Type Technology Center（http://www.adobe.com/devnet/opentype.html）には、Unicode 制定以前からあったラテン文字以

外のエンコーディング方式を含む、さまざまなフォント形式とエンコーディングシステムに関する歴史的なドキュメントと最新のドキュメントが集められています。

6.5章
日本語の取り扱い

ここでは本文で取り扱っていない、日本語の表示方法について解説しています。CIDフォントを使用して日本語表示を行うには、少し複雑なオブジェクト構造を記述する必要があります。

6.5.1　サンプルコード

まずは日本語表示を行うコードを見ていただきましょう。このコードでは、オブジェクト1がページツリー、オブジェクト2はページオブジェクトとなっています。そして、このページオブジェクト内のリソースエントリで2種類のフォント辞書への間接参照（オブジェクト3とオブジェクト4）を指定しています。なお、実際のページコンテンツはオブジェクト5で指定しています。

第6章で解説しているType 1フォントであれば、フォント辞書内でフォント名（Times-Italicなど）とサブタイプ（Type1）を指定するだけで済んだのですが、CIDフォントを使用する場合にはフォント辞書の他に**CIDフォント辞書とフォントディスクリプタ**というオブジェクトを作成する必要があります。それでは、例6.5-1のコードにざっと目を通してください。このドキュメントでは、小塚明朝Pr6N Rというフォントをオブジェクト3、6、8という3つのオブジェクトで、小塚ゴシックPr6N Mというフォントをオブジェクト4、7、9という3つのオブジェクトで定義しています。

例6.5-1　日本語を出力するPDFの例

```
%PDF-1.0
1 0 obj
<<
   /Type /Pages
   /Count 1
```

例 6.5-1　日本語を出力する PDF の例（続き）

```
    /Kids [2 0 R]
  >>
  endobj
  2 0 obj
  << /Type /Page
     /MediaBox [0 0 612 792]
     /Resources
     <<
       /ProcSet [ /PDF /Text ]
       /Font << /F1 4 0 R /F2 3 0 R >>
     >>
     /Parent 1 0 R
     /Contents [5 0 R]
  >>
  endobj
  3 0 obj
  <<
      /Type /Font
      /Subtype /Type0
      /Name /F2
      /BaseFont /KozMinPr6N-Regular
      /Encoding /Identity-V
      /DescendantFonts [ 6 0 R ]
  >>
  endobj
  4 0 obj
  <<
      /Type /Font
      /Subtype /Type0
      /Name /F1
      /BaseFont /KozGoPr6N-Medium
      /Encoding /90ms-RKSJ-H
      /DescendantFonts [ 7 0 R ]
  >>
  endobj
  5 0 obj
  << >>
  stream
  1. 0. 0. 1. 50. 700. cm
  BT
```

例 6.5-1　日本語を出力する PDF の例（続き）
```
    50 TL
    /F1 36. Tf
    ( 甲乙丙丁戊己庚辛壬癸 ) Tj T*
    ( 子丑寅卯辰巳午未申￥酉戌亥 ) Tj T*
    /F2 36. Tf
    <524f525052515252525351dd5a0f5a105a11> Tj
ET
endstream
endobj
6 0 obj
<<
    /Type /Font
    /Subtype /CIDFontType0
    /BaseFont /KozMinPr6N-Regular
    /CIDSystemInfo
    <<
        /Registry (Adobe)
        /Ordering (Japan1)
        /Supplement 6
    >>
    /FontDescriptor 8 0 R
>>
endobj
7 0 obj
<<
    /Type /Font
    /Subtype /CIDFontType0
    /BaseFont /KozGoPr6N-Medium
    /CIDSystemInfo
    <<
        /Registry (Adobe)
        /Ordering (Japan1)
        /Supplement 6
    >>
    /FontDescriptor 9 0 R
>>
endobj
8 0 obj
<<
    /Type /FontDescriptor
```

例 6.5-1　日本語を出力する PDF の例（続き）

```
    /FontName /KozMinPr6N-Regular
    /Flags 6
    /FontBBox [ -437 -340 1147 1317 ]
    /ItalicAngle 0
    /Ascent  1317
    /Descent  -340
    /CapHeight  742
    /StemV 80
>>
endobj
9 0 obj
<<
    /Type /FontDescriptor
    /FontName /KozGoPr6N-Medium
    /Flags 4
    /FontBBox [ -538 -374 1254 1418 ]
    /ItalicAngle 0
    /Ascent  1418
    /Descent  -374
    /CapHeight  763
    /StemV 116
>>
endobj
10 0 obj
<<
   /Type /Catalog
   /Pages 1 0 R
>>
endobj xref
0 11
trailer
<< /Size 11
   /Root 10 0 R
>>
startxref
0
%%EOF
```

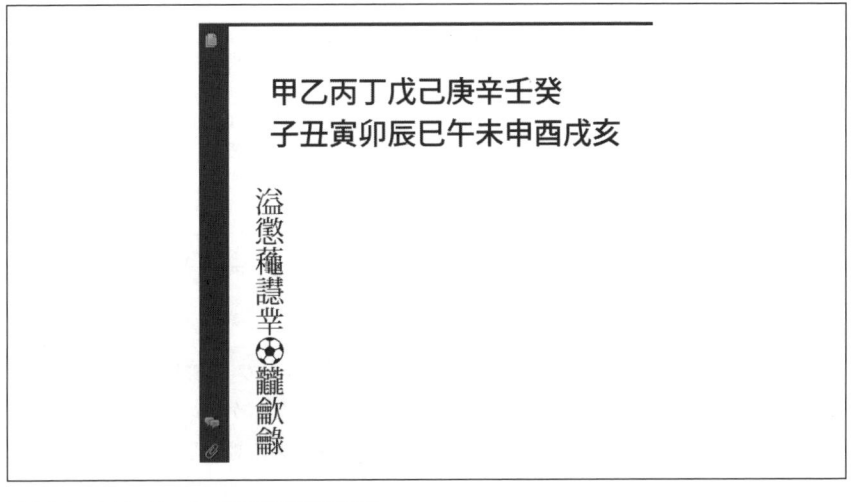

図 6.5-1　Adobe Reader で日本語を表示する

　なお、このファイルは、Shift-JIS コードで保存しておく必要がある点にご注意ください。pdftk を使用し、このコードを正しい PDF ファイルに変換し、Adobe Reader で表示させた結果は次の通りです。
　以降のセクションでは、フォント辞書と CID フォント辞書、フォントディスクリプタといったオブジェクトの詳細を解説しています。

6.5.2　フォント辞書

　先ほど述べたように、Type 1 フォントであればフォント辞書内で /Subtype に /Type1 と指定し、/BaseFont にフォント名（Times-Italic など）を指定するだけで済んだのですが、CID フォントを使用する場合には、これ以外にもエントリがいくつか必要となります。表 6.5-1 は、フォント辞書の必須エントリをまとめたものです。

表 6.5-1　フォント辞書の必須エントリ

エントリ	型	値
/Type	名前	/Font という値が格納されます。
/Subtype	名前	/Type0 という値が格納されます。
/BaseFont	名前	基本となるフォント名が格納されます。

表 6.5-1　フォント辞書の必須エントリ（続き）

エントリ	型	値
/Encoding	名前または ストリーム	文字列エンコーディング方法として、定義済みの CMAP 名か、文字コードをフォント番号（CID）に変換するための対応テーブル（ストリーム）が格納されます。
/DescendantFonts	配列	この Type 0 フォントの配下に付く CID フォント辞書を格納した配列が格納されます（現在のところ配列要素は 1 つだけとなっています）。

6.5.2.1　エンコーディング

上記の例で使用している**小塚明朝 Pr6N R** と**小塚ゴシック Pr6N M** というフォントは、Adobe Reader の日本語版（バージョン 9.0）にあらかじめ搭載されており、Adobe が定めた Adobe-Japan 1-6 という文字コレクションに対応しています。

この Adobe-Japan 1-6 という文字コレクションには、日本語の表示に用いられる 23,058 字の字形、メトリクス情報が定義されており、それぞれには 0 〜 23057 までの CID 番号が割り当てられています（これら字形と CID 番号を対応付けたドキュメントは http://partners.adobe.com/public/developer/en/font/5078.Adobe-Japan1-6.pdf から入手することができます）。ただ、こういった CID 番号は日本で一般的に用いられている JIS や Shift-JIS、EUC、Unicode などの漢字コードとはまったく異なったコード体系となっているため、テキスト描画オペレータの文字列オペランドで CID 番号以外のコードを使用したい場合には、何らかのコード変換テーブルを介する必要が出てくるわけです。そのための指定がエンコーディング（**/Encoding**）指定であり、ここに **CMAP**（character map）というコード変換テーブルを指定するわけです。

PDF 規格では、さまざまな CMAP があらかじめ定義されています。よく使うものは、表 6.5-2 でまとめている通りです（完全なリストは PDF 32000-1:2008 の Table 118 を参照してください）。

表 6.5-2　定義済み CMAP 名称（よく使用するもののみ）

CMAP 名	解説
90ms-RKSJ-H	Microsoft のコードページ 932、JIS X 0208 文字セット +NEC/IBM 拡張コードを横書き用グリフに対応付けた CMAP です。
90ms-RKSJ-V	Microsoft のコードページ 932、JIS X 0208 文字セット +NEC/IBM 拡張コードを縦書き用グリフに対応付けた CMAP です。
90pv-RKSJ-H	Mac OS の JIS X 0208 文字セット + 漢字 Talk 7 拡張を横書き用グリフに対応付けた CMAP です。
EUC-H	JIS X 0208 文字セットの EUC-JP エンコーディングを横書き用グリフに対応付けた CMAP です。
EUC-V	JIS X 0208 文字セットの EUC-JP エンコーディングを縦書き用グリフに対応付けた CMAP です。
UniJIS-UTF16-H	JIS X 0213 文字セットの Unicode（UTF-16BE）エンコーディングを横書き用グリフに対応付けた CMAP です。
UniJIS-UTF16-V	JIS X 0213 文字セットの Unicode（UTF-16BE）エンコーディングを縦書き用グリフに対応付けた CMAP です。
Identity-H	CID 番号を直接指定する際の横書き用の CMAP です。
Identity-V	CID 番号を直接指定する際の縦書き用の CMAP です。

なお上記の例では、小塚明朝 Pr6N R については CID 番号を直接指定する縦書き（Identity-V）に、小塚ゴシック Pr6N M については Shift-JIS による文字列を指定する横書き（90ms-RKSJ-H）に設定しています。

6.5.3　CID フォント辞書

CID フォント辞書の必須エントリは以下の通りです。

表 6.5-3　CID フォント辞書の必須エントリ

エントリ	型	値
/Type	名前	/Font という値が格納されます。
/Subtype	名前	CFF（Compact Font Format）に基づいた CID フォントの場合には /CIDFontType0、TrueType に基づいた CID フォントの場合には /CIDFontType2 という値が格納されます。
/BaseFont	名前	フォント名が格納されます。
/CIDSystemInfo	辞書	CID フォントの文字コレクションを定義するエントリを格納した辞書（CID システム情報）が格納されます。

表 6.5-3 CID フォント辞書の必須エントリ (続き)

エントリ	型	値
/FontDescriptor	辞書	CID フォントのグリフ幅以外のデフォルトメトリクスを定義するフォントディスクリプタが格納されます。

6.5.3.1 CID システム情報

CID システム情報のエントリは以下の通りです。

表 6.5-4 CID システム情報のエントリ

エントリ	型	値
/Registry	ASCII 文字列	文字コレクションの発行元です（小塚フォントの場合は Adobe となります）。
/Ordering	ASCII 文字列	特定レジストリ内における文字コレクションの固有名文字列です（小塚フォントの場合 Japan1 となります）。
/Supplement	整数	文字コレクションの追補番号です（今回使用している小塚フォントは Adobe-Japan 1-6 に対応しているため、6 となります）。

6.5.4 フォントディスクリプタ

フォントディスクリプタの必須エントリは以下の通りです。

表 6.5-5 フォントディスクリプタの必須エントリ

エントリ	型	値
/Type	名前	/FontDescriptor という値が格納されます。
/FontName	名前	このフォントディスクリプタに対応する CID フォント辞書の /BaseFont と同じ値が格納されます。
/Flags	整数	フォントのさまざまな性質を定義するフラグが格納されます（詳細は PDF 32000-1:2008 の Table 123 を参照してください）。
/FontBBox	矩形	グリフの座標系において、フォントの束縛境界を表す矩形が格納されます。
/ItalicAngle	数値	グリフの縦線から反時計回り方向で表現した斜体文字の角度が格納されます。
/Ascent	数値	このフォント中で、ベースラインからの高さが最も高いグリフにおける、その高さが格納されます。

表 6.5-5　フォントディスクリプタの必須エントリ（続き）

エントリ	型	値
/Descent	数値	このフォント中で、ベースラインからの低さが最も低いグリフにおける、その低さが格納されます（負の値となります）。
/CapHeight	数値	上端が平坦な大文字におけるベースラインからの高さが格納されます。
/StemV	数値	グリフの縦線における水平方向の幅（太さ）が格納されます。

6.5.5　ページのコンテンツ

　ページ内に日本語を描画する際には、描画オペレータのオペランドとして Shift-JIS や EUC、UTF といったコードで記述した文字列を指定できます。上記の例では、小塚ゴシック Pr6N M の横書き指定で十干十二支を描画しており、その際には Shift-JIS エンコーディングによる文字列をそのまま記述しています（文字列は通常の文字列と同様に、括弧で囲んで記述します）。一方、小塚明朝 Pr6N R の縦書き指定の方は、16 進文字列を記述することにより CID 番号を直接指定しています（16 進文字列は <> で囲んで記述します）。

　なお、Shift-JIS で文字列を記述する場合には、若干の注意が必要です。Shift-JIS には文字コードの 2 バイト目がエスケープ文字（¥）となる文字がいくつかあり、そういった文字を含む文字列を指定すると、以降の数文字が文字化けを起こしてしまうのです（上記の例でも「申」という文字（0x905c）の 2 バイト目はエスケープ文字となっています）。こういった問題を回避するには、Shift-JIS 以外の文字コードを使用するか（フォント辞書のエンコーディング指定を変更する必要があります）、16 進文字列を使用するか、該当文字の直後にバックスラッシュ（¥）を付加する（上記の例で採用している解決策です）ことになります。

表 6.5-6　サンプルコードにおける、各オブジェクトの役割（まとめ）

オブジェクト番号	オブジェクトのタイプ	解説
1	/Pages	この文書のページツリーです。ページオブジェクト（オブジェクト 2）への間接参照を含んでいます。
2	/Page	このドキュメントのページオブジェクトであり、使用しているフォント（F1 と F2 で参照）などのリソースと、ページコンテンツ（オブジェクト 5）への間接参照を含んでいます。

表 6.5-6 サンプルコードにおける、各オブジェクトの役割（まとめ）（続き）

オブジェクト番号	オブジェクトのタイプ	解説
3	/Font（/Type0）	フォント辞書であり、小塚明朝 Pr6N R を Identity-V（CID の直接指定による縦書き）というエンコーディングで使用し、CID フォント辞書（オブジェクト 6）への間接参照が含まれています。
4	/Font（/Type0）	フォント辞書であり、小塚ゴシック Pr6N M を 90ms-RKSJ-H（Microsoft のコードページ 932、JIS X 0208 文字セット+NEC/IBM 拡張コードによる横書き）というエンコーディングで使用し、CID フォント辞書（オブジェクト 7）への間接参照が含まれています。
5	/Contents	ページの内容です。十干十二支は小塚ゴシック（F1）で Shift-JIS コードによる描画指示を、JIS X 0213:2004 および JIS X 0212 に対応した Adobe-Japan 1-6 の拡張部分の文字サンプルは小塚明朝（F2）で CID の直接指定による描画指示を行っています。いずれも文字サイズは 36 ポイントです。
6	/Font（CIDFont Type0）	小塚明朝 Pr6N R 指定のフォントオブジェクト（オブジェクト 3）に対して、CID システム情報辞書とフォント記述オブジェクト（オブジェクト 8）を結びつけるオブジェクトです。
7	/Font（CIDFont Type0）	小塚ゴシック Pr6N M 指定のフォントオブジェクト（オブジェクト 4）に対して、CID システム情報辞書とフォント記述オブジェクト（オブジェクト 9）を結びつけるオブジェクトです。
8	/FontDescriptor	小塚明朝 Pr6N R 指定のフォントオブジェクト（オブジェクト 3）に対するフォント記述オブジェクトです。
9	/FontDescriptor	小塚ゴシック Pr6N M 指定のフォントオブジェクト（オブジェクト 4）に対するフォント記述オブジェクトです。
10	/Catalog	この文書のドキュメントカタログです。ページツリー（オブジェクト 1）への間接参照を含んでいます。

7章
ドキュメントのメタデータとナビゲーション

　この章では、PDF ドキュメントの見た目とは直接関係しないものの、対話的な使用時やドキュメントの画面閲覧時、PDF のワークフローへの取り込み時に、他プログラムから使用できる追加情報を保持するためのメタデータに関する話題を取り扱っています。

デスティネーション
: ファイル内の位置を定義するデータ構造です。これは、**しおり**や**ハイパーリンク**が指し示す場所を特定するために用いられます。なお、しおり（正式には**ドキュメントアウトラインと呼びます**）はドキュメントの目次としても用いられます。

XML メタデータ
: 特定の形式による XML ファイルを保持したストリームであり、ドキュメント情報辞書の一部の情報に追加フィールドを付加したものです。

ファイルの添付
: これは、電子メールにおける添付ファイルのように、ドキュメント内にファイルを丸ごとカプセル化できるようにするものです。

注釈
: 画面閲覧プログラムを使って、通常のページコンテンツとは分けたかたちでテキストやグラフィックスを記入できるようになります。重要な注釈として**ハイパーリンク**を挙げることができます。これによってユーザがページの特定位置をクリックした際に、ファイル中の他のデスティネーションに移動できるようになるわけです。

7.1 しおりとデスティネーション

ドキュメントのしおり（正式には**ドキュメントアウトライン**と呼びます）とは、PDF ビューアでドキュメント内を移動する際にクリックするエントリ（たいていの場合は章やセクション、段落などの見出しになります）をひとまとめにした木構造のことです。各エントリにはテキストと、そのリンク先を指定する**デスティネーション**が保持されています。

7.1.1 デスティネーション

デスティネーションには PDF ファイル中の場所が、ページ番号や該当ページ内の位置、該当ページを閲覧する際に使用する倍率などの情報とともに定義されます。デスティネーションは、明示的に定義することができ（本書では手っ取り早くこちらの方法を使っています）、すべてのデスティネーションがまとめられているドキュメント全体の**ネームツリー**から名前を用いて検索することもできます。PDF ビューアでは通常、しおりはドキュメントの横に表示されます。

デスティネーションは配列オブジェクトを用いて定義され、配列中にはデスティネーションの種類に基づいたコンテンツが格納されます。表 7-1 は、デスティネーションのシンタックスをまとめたものです。

表 7-1　デスティネーションのシンタックス——「ページ」はページオブジェクトへの間接参照です。デスティネーションは、指定されない限り CropBox（ない場合は MediaBox）を使用します。

配列	解説
[page /Fit]	ウィンドウの縦、横双方に入りきるような倍率で page を表示します。
[page /FitH top]	ウィンドウの上端とドキュメントの垂直座標 top を合致させ、ドキュメントの横方向が入りきるような倍率で page を表示します。
[page /FitV left]	ウィンドウの左端とドキュメントの水平座標 left を合致させ、ドキュメントの縦方向が入りきるような倍率で page を表示します。
[page /XYZ left top zoom]	ウィンドウの左上端とドキュメントの座標 (left, top) を合致させ、倍率 zoom で page を表示します。いずれかのパラメータが null 値の場合、そのパラメータは変更されません。
[page /FitR left bottom right top]	left と bottom、right、top で指定された矩形領域を表示できるよう倍率を調整し、page を表示します。
[page /FitB]	/Fit と同様に page を表示しますが、CropBox ではなく、ページのコンテンツ領域ボックスを使用します。

表 7-1　デスティネーションのシンタックス――「ページ」はページオブジェクトへの間接参照です。デスティネーションは、指定されない限り CropBox（ない場合は MediaBox）を使用します。（続き）

配列	解説
[page /FitBH top]	/FitH と同様に page を表示しますが、CropBox ではなく、ページのコンテンツ領域ボックスを使用します。
[page /FitBV left]	/FitV と同様に page を表示しますが、CropBox ではなく、ページのコンテンツ領域ボックスを使用します。

7.1.2　ドキュメントアウトライン（しおり）

ドキュメントアウトラインは、**アウトライン辞書**と数々の**アウトライン項目辞書**によって定義されたアウトラインエントリを木構造にしたものから成り立っています。アウトライン辞書は、ドキュメントカタログの /Outlines エントリから参照されます。エントリの部分エントリ（子）はデフォルトで表示されるようにしたり（オープン）、非表示にしておき、クリックした際にのみ表示される（クローズ）ようにすることが可能です。**表 7-2** と**表 7-3** は、アウトライン辞書のエントリとアウトライン項目辞書のエントリをまとめたものです。

表 7-2　アウトライン辞書のエントリ

キー	値の型	値
/Type	名前	ある場合は /Outlines という値が格納されます。
/First	辞書への間接参照	ドキュメントアウトライン中におけるトップレベルの最初の項目に対するアウトライン項目辞書です。ドキュメントアウトラインのエントリがある場合には必須です。
/Last	辞書への間接参照	ドキュメントアウトライン中におけるトップレベルの最後の項目に対するアウトライン項目辞書です。ドキュメントアウトラインのエントリがある場合には必須です。
/Count	整数	アウトラインのすべての部分でオープンされているアウトラインエントリの数が格納されます。オープンされているエントリがない場合には省略可能です。

表7-3 アウトライン項目辞書のエントリ（* は必須のもの）

キー	値の型	値
/Title*	テキスト文字列	このエントリで表示されることになるテキストです。
/Parent*	辞書への間接参照	アウトラインツリー中における、この項目の親へのポインタです。他のアウトライン項目辞書か、トップレベルのアウトライン辞書のいずれかとなります。
/Prev	辞書への間接参照	この項目と同レベルにある直前の項目を指します（あれば）。
/Next	辞書への間接参照	この項目と同レベルにある直後の項目を指します（あれば）。
/First	辞書への間接参照	このエントリの子項目のうち最初のものを指します（あれば）。
/Last	辞書への間接参照	このエントリの子項目のうち最後のものを指します（あれば）。
/Count	整数	このエントリがオープンされている場合、その配下でオープンされているエントリの数が格納されます。クローズされている場合、負の数値が格納され、その絶対値は当該エントリがユーザによってオープンされた際に表示される子項目の数となります。
/Dest	名前や文字列、配列	デスティネーションです。配列の場合はデスティネーション、名前の場合はドキュメントカタログ中の /Dests エントリ内にあるエントリへの参照、文字列の場合はドキュメントの名前辞書中にある /Dests エントリ内のエントリへの参照となります。

7.1.2.1 例の構築

では、3ページからなるファイルを考えてみましょう。以下の階層を構築するものとします。

```
Part 1（1 ページ目を指します）
  Part 1A（2 ページ目を指します）
  Part 1B（3 ページ目を指します）
```

コードは、**例7-1** に示す通りです。このドキュメントにおけるページオブジェクトの番号は3と5、7であり、それぞれ1ページ目と2ページ目、3ページ目に対応付けられています。オブジェクト12はドキュメントカタログです。オブジェクト11はドキュメントアウトライン辞書であり、オブジェクト8と9、10はドキュメントアウトライン項目辞書です。

例 7-1　ドキュメントアウトラインの例

```
8 0 obj
<< /Parent 10 0 R /Title (Part 1B) /Dest [ 7 0 R /Fit ] /Prev 9 0 R >>
endobj
9 0 obj << /Parent 10 0 R /Title (Part 1A) /Dest [ 5 0 R /Fit ] /Next 8 0 R >>
endobj
10 0 obj << /Parent 11 0 R /First 9 0 R /Dest [ 3 0 R /Fit ] /Title (Part 1) /Last 8 0 R
>>
endobj

11 0 obj << /First 10 0 R /Last 10 0 R >>
endobj
12 0 obj
<< /Outlines 11 0 R /Pages 1 0 R /Type /Catalog >>
```

図 7-1 は、Adobe Reader でこのドキュメントとアウトラインを表示した際のものです。

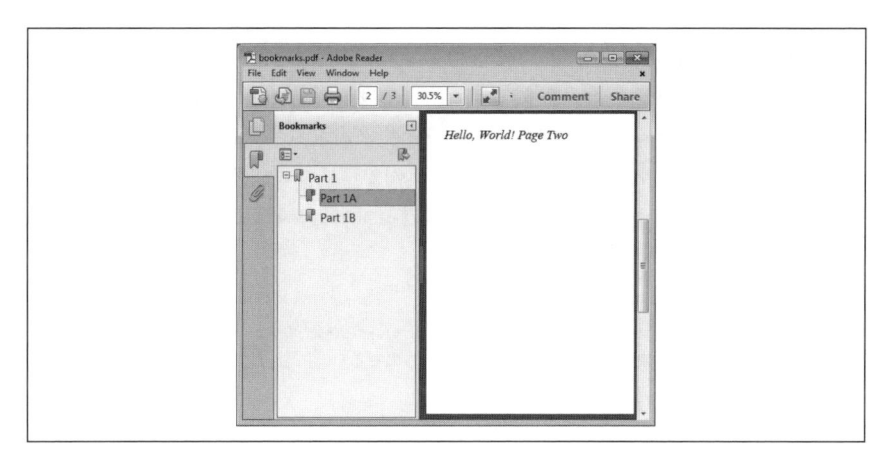

図 7-1　Adobe Reader で、しおり付き PDF を表示した例

7.2 XML メタデータ

PDF 1.4 以降では、**メタデータストリーム**を使用することで、ドキュメント全体やドキュメントの個々の要素に XML メタデータを添付できるようになっています。そして、ドキュメント単位のメタデータストリームによって、ドキュメント情報辞書を拡張したり置き換えることが可能になるわけです（これにより、ほとんど常にと言って良いほど旧バージョンの PDF プログラムとの互換性が保たれます）。

メタデータは圧縮されず、また（たいていの場合に）暗号化されずに格納されるため、PDF の詳しいフォーマットのことを考慮していない外部ツールであっても、PDF ファイル内のそういった情報に簡単にアクセスできます。

XML は、Adobe の XMP: Extensible Metadata Platform によって規定されている Extensible Metadata Platform（XMP）という形式のマークアップを使用します。この形式には、プラットフォームに依存しないやり方で、他の形式（例えば PDF）にメタデータを埋め込む方法も規定されています。このため、XMP を埋め込んでいる外側の形式をサポートしていないプログラムであっても、XMP データを抽出することができるのです。XMP 形式の詳細については Adobe のウェブサイト（http://www.adobe.com/products/xmp/）を参照してください。

例 7-2 は、XMP メタデータの例です。ドキュメント情報辞書で見覚えのあるエントリも含まれているはずです。また、/Type /Metadata /Subtype /XML という、XMP メタデータのストリームを識別する名前の並びにもご注意ください。メタデータストリームは、ドキュメントカタログ中に /Metadata エントリを記述することでドキュメントに追加できます。

例 7-2　ISO PDF Format reference manual に格納されている XML メタデータ——なお、↵ 記号は該当行が改行無しで次行に続いていることを示すものであり、␣ 記号は空白文字を示すものです。

```
<code>
4884 ␣ 0 ␣ obj<</Length ␣ 3508/Type/Metadata/Subtype/XML>>stream
<?xpacket ␣ begin='i»¿' ␣ id='W5M0MpCehiHzreSzNTczkc9d'?>
<?adobe-xap-filters ␣ esc="CRLF"?>
<x:xmpmeta ␣ xmlns:x='adobe:ns:meta/' ␣ x:xmptk='XMP ␣ toolkit ␣ 2.9.1-
14, ␣ framework ␣ 1.6'>
<rdf:RDF ␣ xmlns:rdf='http://www.w3.org/1999/02/22-rdf-syntax-ns#'↵
xmlns:iX='http://ns.adobe.com/iX/1.0/'>
<rdf:Description ␣ rdf:about='uuid:b8659d3a-369e-11d9-b951-000393c97fd8'↵
␣ xmlns:pdf='http://ns.adobe.com/pdf/1.3/'↵ pdf:Producer='Acrobat ␣ Distiller ␣ 6.0.1
for ␣ Macintosh'>↵
```

例7-2 ISO PDF Format reference manual に格納されている XML メタデータ――なお、↵記号は該当行が改行無しで次行に続いていることを示すものであり、␣記号は空白文字を示すものです。(続き)

```
</rdf:Description> <rdf:Description ␣ rdf:about='uuid:b8659d3a-369e-11d9-b951-000393c97fd8'↵
␣ xmlns:xap='http://ns.adobe.com/xap/1.0/'↵
␣ xap:CreateDate='2004-11-14T08:41:16Z'↵
␣ xap:ModifyDate='2004-11-14T16:38:50-08:00'↵
␣ xap:CreatorTool='FrameMaker ␣ 7.0'↵
␣ xap:MetadataDate='2004-11-14T16:38:50-08:00'>↵
</rdf:Description>
<rdf:Description ␣ rdf:about='uuid:b8659d3a-369e-11d9-b951-000393c97fd8'↵
␣ xmlns:xapMM='http://ns.adobe.com/xap/1.0/mm/'↵
␣ xapMM:DocumentID='uuid:919b9378-369c-11d9-a2b5-000393c97fd8'/>
<rdf:Description ␣ rdf:about='uuid:b8659d3a-369e-11d9-b951-000393c97fd8'↵
␣ xmlns:dc='http://purl.org/dc/elements/1.1/'↵ ␣ dc:format='application/pdf'>↵
<dc:description><rdf:Alt>↵
<rdf:li ␣ xml:lang='x-default'> ␣ Adobe ␣ Portable ␣ Document ␣ Format ␣ (PDF) ␣ </rdf:li>↵
</rdf:Alt></dc:description>↵
<dc:creator> ␣ <rdf:Seq> ␣ <rdf:li>↵
Adobe ␣ Systems ␣ Incorporated ␣ </rdf:li> ␣ </rdf:Seq> ␣ </dc:creator>↵
<dc:title> ␣ <rdf:Alt>↵
<rdf:li ␣ xml:lang='x-default'>PDF ␣ Reference, ␣ version ␣ 1.6 ␣ </rdf:li> ␣ </rdf:Alt>↵
</dc:title></rdf:Description>↵
</rdf:RDF>
</x:xmpmeta> ␣␣␣␣␣␣␣␣␣␣␣␣␣␣␣␣␣␣␣␣␣␣␣␣␣␣␣␣␣␣␣␣␣␣␣␣␣␣
(埋め草多数)
<?xpacket ␣ end='w'?>
endstream
endobj
```

7.3 注釈とハイパーリンク

　PDFにおける注釈は、ページコンテンツ自体とは別のところで、コメントや対話的要素を追加するために使用されます。こういった注釈は、ビューアアプリケーション（例えば、Adobe Reader や Mac OS X のプレビュー）によって、さらにはソフトウェアのバージョンによっても違ったかたちで表示されるため、何らかの一貫性ある見た目を想定することはできません。また、注釈は印刷出力に影響を及ぼしません。

ページ辞書中の /Annots エントリに配列を記述することで、ページごとに 1 つ以上の注釈を関連付けることが可能になります。各注釈は辞書となります。**表 7-4** は、注釈辞書の主要なエントリをまとめたものです。こういった辞書中には、注釈のタイプによってさまざまなエントリが追加されています。

表 7-4　注釈辞書中のエントリ (* は必須のもの)

キー	値の型	値
/Type	名前	ある場合は /Annot という値が格納されます。
/Subtype*	名前	この注釈のタイプが格納されます。
/Rect*	矩形	デフォルトのユーザ空間単位における注釈の位置とサイズが格納されます。
/Contents	テキスト文字列	この注釈のテキストコンテンツが格納されます。あるいは人の読めるかたちでの代替説明が格納されます。

ここでは、コメントを追加する**テキスト注釈**と、ドキュメント内にハイパーリンクを作成するための**リンク注釈**を解説します。この他にも、ドキュメント上で図形を描画したり、テキストの強調表示を行わせたり、印刷時の目印を追加するといったタイプがあります。「7.4　ファイルの添付」では、個々のページに対して添付ファイルを追加する**ファイルアタッチメント注釈**を解説しています。

では、テキスト注釈を解説しましょう。この /Subtype は /Text になります。**例 7-3** はコード例です。まず、このタイプ固有のエントリである /Open を true に設定することで、ドキュメントのオープン時に注釈が表示されるようにしています。背景色は、/C エントリを用いて白に設定しています。

例 7-3　テキスト注釈

```
  6 0 obj
  <<
    /Subtype /Text
    /Open true
    /Contents (An example text annotation)
    /Type /Annot
    /Rect [400 100 500 200]
    /C [1 1 1]                           RGB(1, 1, 1)、すなわち白
  >>

  /Annots [6 0 R]                        ページ辞書中の追加エントリ
```

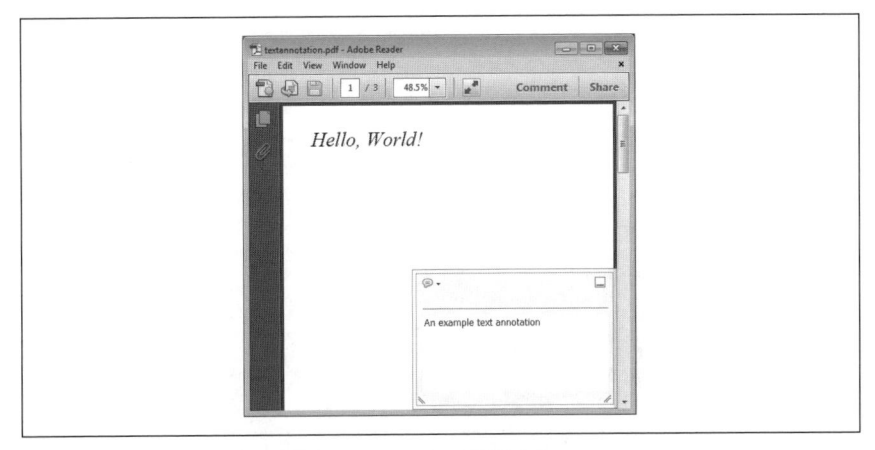

図 7-2 1 ページ目のテキスト注釈を Adobe Reader で表示する

図 7-2 は、Adobe Reader でこれを表示したものです。Adobe Reader では /Rect エントリが無視されていますが、他のビューアでは使用される場合もあるという点にご注意ください。

では次にリンク注釈を作成し、1 ページ目から 3 ページ目にハイパーリンクを張ってみましょう。リンク注釈の /Subtype は /Link であり、デスティネーション（「7.1.1 デスティネーション」で解説しています）を格納する /Dest というエントリが格納されることになります。

例 7-4 はコード例です。

例 7-4 リンク注釈

```
6 0 obj
<<
  /Subtype /Link
  /Dest [4 0 R /Fit]
  /Type /Annot
  /Rect [45 760 260 800]
>>

/Annots [6 0 R]                              ページ辞書中の追加エントリ
```

図 7-3 は、Adobe Reader でこれを表示したものです。

図7-3　1 ページ目のリンク注釈を Adobe Reader で表示する

7.4 ファイルの添付

　ファイルの添付によって、PDF ドキュメント内に 1 つ以上のファイルを含めることが可能になります（ファイルはどのような形式のものでも構いません）。こういったファイルは、ドキュメント全体や個々のページに対して添付することができます。通常の場合、PDF ビューアは添付ファイルの一覧を表示し、ユーザの指示に応じてオープンや保存を行うことになります。この仕組みを使用することで、プレゼンテーション用のスライドが保存された PDF と各種の関連資料をまとめておくといったことが可能になるわけです。

　添付されるファイル自体はストリームオブジェクトとして格納され、ストリーム辞書には /Type /EmbeddedFile という追加エントリが格納されます。例 7-5 は添付ファイルのコード例です。

例 7-5　ファイルの添付

```
8 0 obj
<< /Type /EmbeddedFile /Length 35 >>
stream
This is a text file attachment...

endstream
endobj
```

7.4 ファイルの添付

添付されるファイルのストリームは、ドキュメント全体に添付されている場合と、特定のページに添付されている場合によって参照方法が変わってきます。

ドキュメント全体に添付されている場合、ドキュメントカタログ中の /Names エントリが参照する辞書中に /EmbeddedFiles というエントリが記述されることになります。例 7-6 はコード例です。

例 7-6 ドキュメント全体に対してファイルが添付されている PDF コードの例（例 7-5 のオブジェクト 8 が添付ファイルです）

```
9 0 obj
<< /Names
      << /EmbeddedFiles
         << /Names
            [ (attachment.txt) << /EF << /F 8 0 R >> /F (attachment.txt) /Type /F >> ]
>>
         >>
   /Pages 1 0 R
   /Type /Catalog >>
endobj
```

特定のページにファイルが添付されている場合、通常通りページ辞書中の /Annots 辞書で特殊な注釈を記述することになります。例 7-7 はコード例です。

例 7-7 特定のページにファイルが添付されている PDF コードの例（例 7-5 のオブジェクト 8 が添付ファイルです）

```
9 0 obj
<<
  /Type /Page

(ここには他の辞書エントリが格納されます)

  /Annots
     [ << /FS << /EF << /F 8 0 R >> /F (attachment.txt) /Type /F >>
          /Subtype /FileAttachment
          /Contents (attachment.txt)
          /Rect [ 18 796.88976378 45 823.88976378 ]
       >> ]
>>
endobj
```

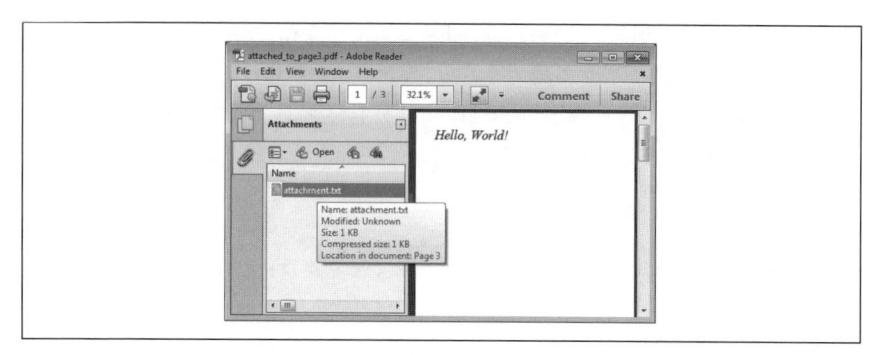

図 7-4　3 ページ目の添付ファイルを Adobe Reader で表示する

　Adobe Reader の場合、添付ファイルは図 7-4 のようにサイドバーに表示されます。

8章
ドキュメントの暗号化

PDFのバージョン1.1から、PDFドキュメントの暗号化機能が用意されています。この暗号化機能は、業界標準となっているさまざまなもの（それらも年々複雑かつセキュアなものとなってきています）をサポートしています。また、PDF規格ではサードパーティの暗号化手法やセキュリティポリシーをカプセル化するための汎用メカニズムも提供しています。

暗号化はいくつかの例外もあるものの、ファイル中のストリームと文字列に適用され、数値やその他のPDFデータ型には適用されず、ファイル全体を暗号化することもありません。これにより、アプリケーションは復号化を行うことなしにドキュメントのオブジェクト構造にアクセスできます。それと同時に、コンテンツの大部分が実質的に保護されるというわけです。

また、より近代的なPDF暗号化手法を用いることで、ファイルのXMPメタデータストリーム（「7.2 XMLメタデータ」を参照してください）の暗号化を抑止することもできるため、暗号化されたPDFファイルに対応していないプログラムや、パスワードが未知の場合であっても、メタデータの抽出や読み込みが可能になります。

8.1 はじめに

暗号化されたドキュメントの内部は複雑であるため、（他の章で行ったように）手作業でPDFファイルを作り上げることは不可能と言ってもよいでしょう。しかし、pdftkを用いることで通常のPDFファイルを暗号化することが可能です。

```
pdftk hello.pdf output encrypted.pdf encrypt_40bit owner_pw fred
```

これによって、hello.pdfというファイルを入力とし、40ビットのRC4という暗号化手法で暗号化し（所有者パスワードは"fred"になります）、encrypted.pdfという

ファイルが出力されます。**所有者パスワード**とは、ファイルのマスターパスワードのことです。このパスワードを所有していれば、暗号化をやり直したり、セキュリティ設定を変更したりすることも含め、何でもできるようになります。また、**ユーザパスワード**とは、ある種のユーザ操作（ドキュメントの閲覧、ドキュメントの印刷など）の可否を、所有者がファイルの暗号化時に設定しておけるようにするためのものです。

　上記の例では、ユーザパスワードを空白にしています（これはとても一般的です）。これにより該当ファイルは、パスワードを入力しなくても PDF ビューアでオープンできるようになります。しかし、ファイルの閲覧以外は不可能になるのです（pdftk の権限とさまざまな暗号化形式の詳細については「9.7　暗号化と復号化」を参照してください）。

　このファイルを Adobe Reader からオープンすると、ウィンドウのタイトルバーに「(保護)」という文字が表示されます。また、［ファイル］-［プロパティ］からダイアログボックスを開き、［セキュリティ］タブを選択することで、セキュリティのプロパティを見ることができます（**図 8-1** を参照してください）。さらに［詳細を表示 ...］ボタンを選択することで、より技術的な情報を得ることもできます（**図 8-2**

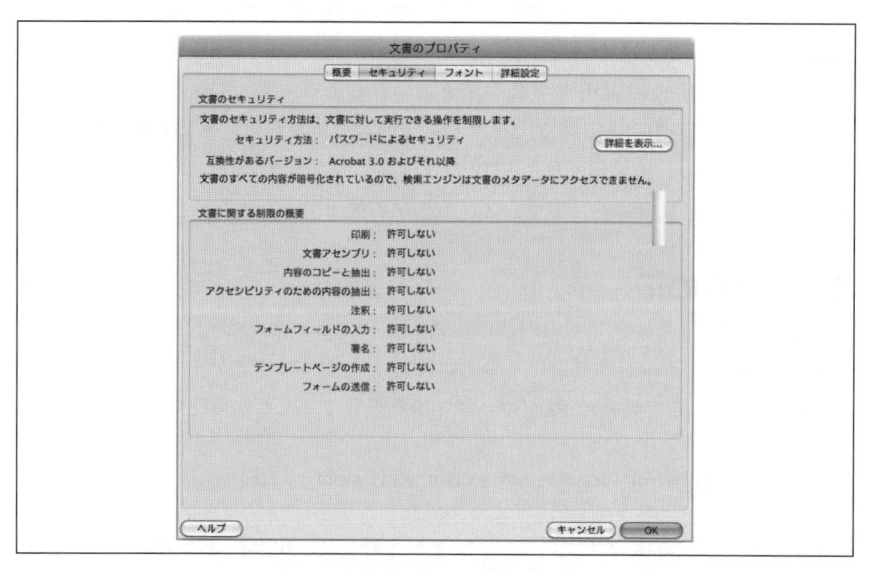

図 8-1　Adobe Reader を用いて encrypted.pdf のセキュリティプロパティを表示させたところ

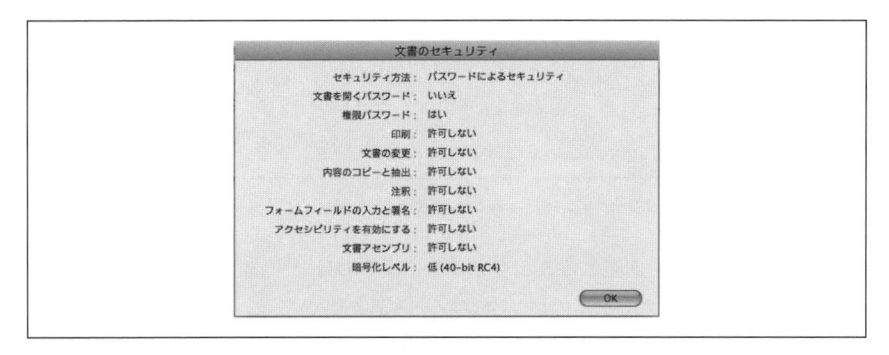

図8-2 Adobe Reader を用いて encrypted.pdf の詳細セキュリティプロパティを表示させたところ

図8-3 PDF 編集プログラム（ここでは Adobe Acrobat）での所有者パスワードの入力

を参照してください）。

　Adobe Acrobat のような PDF ファイルの編集プログラムを使用している場合、権限上許されていない操作を試みた時点で「このタスクを実行する権限がありません」というダイアログボックスが表示されます（**図8-3** を参照してください）。

　ドキュメントのユーザパスワードに空白以外の値が設定されている場合、ファイルのオープン時にパスワードの入力を促すダイアログボックスが表示されます（**図8-4** を参照してください）。パスワードが不明である場合、このファイルはオープンする

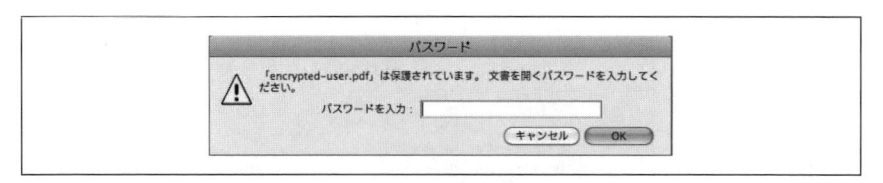

図8-4 Adobe Reader を用いてユーザパスワードが空白以外のファイルをオープンしたところ

ことができないため、閲覧することもできなくなるわけです。

例 8-1 は、新たなファイルのコンテンツを示したものです。**例 2-2** で作成した通常の helloworld.pdf ファイルとの違いを探し出してください。

例 8-1 暗号化されたファイル

```
%PDF-1.1
%âãÏÓ
1 0 obj
<< /Kids [2 0 R] /Type /Pages /Count 1 >>
endobj
3 0 obj
<< /Length 72 >>
stream
（72 バイトの暗号化データ）
endstream
endobj
2 0 obj
<<
  /Rotate 0
  /Parent 1 0 R
  /Resources
  <<
    /Font
      <<
        /F0
          <<
            /BaseFont /Times-Italic
            /Subtype /Type1
            /Type /Font
          >>
      >>
  >>
>>
```

例 8-1 暗号化されたファイル（続き）

```
  /MediaBox [0.000000 0.000000 595.275590551 841.88976378]
  /Type /Page
  /Contents [3 0 R]
>>
endobj
4 0 obj
<< /Pages 1 0 R /Type /Catalog >>
endobj
5 0 obj                                          暗号化辞書
<<
  /R 2
  /P -64
  /O (ífff÷ÚÉMo]Òq)È¢ÏoA»fgygy^ÏynÔZ3 / 4gtëÙ)
  /Filter /Standard
  /V 1
  /U (gdË^Wîg:lÆr({M8®q μ G9Tæ$YTscåGùLÂÐþ¬)
>>
endobj xref
0 6
0000000000 65535 f
0000000015 00000 n
0000000199 00000 n
0000000074 00000 n
0000000427 00000 n
0000000478 00000 n
trailer
<<
  /Encrypt 5 0 R                        オブジェクト5の暗号化辞書への参照
  /Root 4 0 R
  /Size 6
  /ID [<a7d625071f5b223d97922e9e6c3fff23><e546c20487a77c4156083bf56f69bb4d>]
>>
startxref
617
%%EOF
```

8.2 暗号化辞書

例 8-1 をもう一度見てください。暗号化辞書はオブジェクト 5 で定義されており、トレーラ辞書の /Encrypt エントリから参照されています。この暗号化辞書には以下

の実体が格納されています。

- /R と /V という 2 つのエントリで、使用する暗号化アルゴリズムが定義されています。
- /P エントリは、ユーザパスワードの入力時に使用できる権限（閲覧、印刷など）を表したビットフィールドです。
- /O と /U というエントリはそれぞれ、所有者パスワードとユーザパスワードの認証のために用いられるものです。
- /Filter エントリは、Adobe のセキュリティ手法を表す /Standard が格納されています。

標準暗号化手法としては、以下のものが提供されています。

40 ビットの RC4（PDF 1.1）

128 ビットの RC4（PDF 1.4）

128 ビットの AES 暗号化（PDF 1.5）

256 ビットの AES 暗号化（PDF 1.7 ExtensionLevel 3）

40 ビットの RC4（最初に導入された手法です）では、/P エントリを用いて印刷とドキュメントの修正、テキストやグラフィックスの抽出、注釈の権限を設定できるようになっています。128 ビットの RC4 やそれ以降の手法では、さらに豊富な権限が設定できるようになっています。

なお、権限設定の仕様は ISO 規格でも散文的にしか記述されていないため、PDF 処理プログラム間での整合性はあまり期待できません。

8.3 暗号化されたドキュメントの読み込み

暗号化されたファイルであっても、暗号化されていない部分は通常通りに読み込むことができるため、オブジェクトグラフを作成することができます。このため、トレーラ辞書中の /Encrypt エントリの有無をチェックすれば、暗号化手法を判定する

ことができます。その後、ユーザパスワードを空白にしたかたちでファイルの復号化を試みるわけです。

1. 暗号化辞書のコンテンツが読み込まれ、暗号化手法が判定されます。

2. ユーザパスワードが認証されます（これは一方通行関数を用いて処理され、暗号化辞書中の /U エントリと比較されます）。

3. 指定されたアルゴリズムを用いて暗号の鍵が算出されます。

4. この鍵を用いて、ファイル中の各ストリームや文字列の復号化が行われます。この処理はすべてを一括して行うか、効率を重視し、必要なオブジェクトが出てくる都度行うことができます。

5. 権限が読み取られ、該当ファイルに対して行われる操作に対して適用されます。

各手順で用いられる実際のアルゴリズムは、使用している暗号化手法によって異なってきます。また、ユーザパスワードが空白以外の場合でも、ユーザによって入力されたパスワードを用いて同様の処理が行われます。

所有者パスワードを用いて復号化する場合でも、同様の処理が行われますが、権限のチェックは行われません。また、ユーザパスワードを入力してファイルをオープンした後で、所有者パスワードを入力した場合、各種の権限は緩和されます。

8.4　ドキュメントの暗号化と書き込み

メモリ上にある PDF データを暗号化してファイルに書き込む際には以下のような手順に従います。

1. 所有者パスワードとユーザパスワードを組み合わせ、一方通行関数を使用することで、/U エントリと /O エントリが算出されます。

2. 暗号化辞書が構築され（ここで権限などの他のエントリも追加されます）、トレーラ辞書に暗号化辞書への参照が追加されます。

3. ファイル中の文字列とストリームが、暗号化辞書の内容から算出された鍵で

暗号化されます。

4. 通常のファイル出力と同様に、PDFのオブジェクトグラフがファイルに出力されます。

書き込みの場合においても、各手順で用いられる実際のアルゴリズムは、使用している暗号化手法によって異なってきます。

8.5 暗号化されたドキュメントの編集

ユーザパスワードの入力によってファイルの編集が可能になるという権限設定がなされている場合、修正後のファイルは、元と同じ所有者パスワードとユーザパスワードを使って再暗号化を行う必要があります。しかし、上記のアルゴリズムでは、ファイルの再暗号化に所有者パスワードが必要となります。

この問題は、元のファイルにあった暗号化パラメータを保持することで解決されています（暗号化辞書自体はいったん復号化された際にファイルから取り除かれます）。つまり、暗号化辞書（/Oエントリと/Uのエントリを含む）は再構築されることになるわけです。

9章
pdftkを用いた作業

pdftk は、iText ライブラリ (「10.2.1 Java と C# 用の iText」で解説しています) を用いて構築されたマルチプラットフォーム対応のコマンドラインツールです。このツールは、PDF ファイルのマージや分割、ドキュメントのスタンプ、メタデータの設定や読み込みといった機能を搭載しています。

---

pdftk を入手するには

pdftk は、GPL ライセンスに基づいたオープンソースプログラムであり、Microsoft Windows と Mac OS X 向けのバイナリパッケージ、およびすべてのプラットフォーム向けのソースコードが、PDF Labs (http://www.pdflabs.com/tools/pdftk-the-pdf/toolkit/) から利用可能となっています。

pdftk の開発者である Sid Steward 氏は、PDF 関連の作業を行う際に使用するツールやティップスをまとめた書籍『PDF Hacks——文書作成、管理、活用のための達人テクニック』(O'Reilly 刊) の著者でもあります。

9.1 コマンドラインシンタックス

pdftk のコマンドラインインタフェースは、一風変わったものとなっており、特定の順序で指定しなければならないパラメータもいくつかあります。それらを指定順に分類すると、以下の通りになります。

1. 入力ファイルまたはファイル群 (そして、必要に応じて入力パスワード)
2. **操作**とその操作を実行するうえで必要となる引数

3. 出力、および出力パスワードと権限

4. さまざまな出力とその他のオプション

完全な解説は pdftk のマニュアルを参照してください——この章では、本書の例を処理するうえで必要なもののみを解説しています。

9.2 ドキュメントのマージ

ドキュメントのマージを行う場合には、cat という操作を使用します。これはデフォルトの操作にもなっているため、実際のところ cat キーワードを明示的に指定する必要ははありません。例えば、3つのファイルに含まれているページを順にマージしていくには、以下のように指定します。

```
pdftk file1.pdf file2.pdf file3.pdf output output.pdf
```

これによって、file1.pdf と file2.pdf、file3.pdf のすべてのページが順に連結され、output.pdf という新たなファイルが書き出されます。出力ファイルは、入力ファイルのいずれとも違ったファイル名を指定する必要があります。

pdftk では、各ドキュメントから取得するページを指定したり、各ページを出力する際に表示時の向きを指定することもできます。こういった**ページ範囲**は、入力ファイル群を指定した後、順に指定していきます。以下はその例です。

```
pdftk file1.pdf file2.pdf 1-5 even output out.pdf
```

これによって、file1.pdf の1ページ目から5ページ目まで（1、5ページを含む）と file2.pdf の偶数（2、4、6、...）ページが出力されます。

pdftk におけるページ範囲

ページ範囲は 5 つの部分から成り立っています。

- 入力の PDF **ハンドル**——例：B（ハンドルについては以下を参照してください）
- 開始ページ番号
- ダッシュ（-）の後に終了ページ番号（これらはオプショナルです）
- **even** 修飾子（偶数ページ）または **odd** 修飾子（奇数ページ）——これによってすでに指定されたページ範囲も修飾できます（これはオプショナルです）
- ページの向き
    - N（向きを 0°に設定する）
    - E（向きを 90°に設定する）
    - S（向きを 180°に設定する）
    - W（向きを 270°に設定する）
    - L（-90°回転させる）
    - R（+90°回転させる）
    - D（+180°回転させる）

ドキュメントの最終ページは end として表すこともできます。また、開始ページ番号は終了ページ番号よりも大きな値を指定することができます（その場合、ページは逆順で処理されます）。

例を挙げると以下のようになります。

- 3（3 ページ目のみ）
- 1-6（1 ページ目から 6 ページ目のみ）
- 1,4,5-end（1 ページ目、4 ページ目、5 ページ目以降、最終ページまで）
- end-1（全ページを逆順に）

出力中にさまざまなファイルから複数のページを取り込む場合、各ファイルに**ハンドルを対応付け**（例えば A=input.pdf）、ページ範囲を指定する際にそのハンドルを指定することができます。

A1 A B
> これはドキュメント A の最初のページを出力し、その後ドキュメント A と B の全体を出力します（最初のページを複製して表紙にしたい場合に利用できます）。

A4-50oddD
> これは A というハンドルの 4 ページ目から 50 ページ目の奇数ページを 180°回転させて出力します。

例を挙げると以下のようになります。

pdftk A=file.pdf B=file2.pdf A1 A B output out.pdf

9.2.1 ファイルをマージした際に起こること

pdftk を用いて PDF ファイルの簡単なマージを行った場合、以下の処理が実行されることになります。

1. 各ファイルがメモリに読み込まれ、PDF オブジェクトのグラフが（たいていは遅延評価で）生成されます。遅延評価、すなわち必要になるまでオブジェクトの解析が行われない理由は、特定のページのみが対象となっている場合にはすべてのオブジェクトが必要となるわけではないためです。

2. オブジェクトグラフ内のオブジェクト番号が採番し直され、互いに衝突しないようにされます（すなわち 1...p, p+1...q, q+1...r など）。

3. 採番し直した PDF オブジェクトすべてを用いて、新たなオブジェクトグラフが生成されます。

4. 新たなページツリーが作成され、元のファイルから必要となるページオブジェクト一式が取得されます。

5. トレーラ辞書とルートオブジェクトが新たに生成され、新たなページツリーにリンクされます。

6. 新たなドキュメントとしてファイルが出力されます。

なお、マージを完全なかたちで行うには、以下の処理も実行されることになります。

- ページ範囲の指定によって不要となったページへの参照がドキュメントから削除されます。これを行わない場合、出力に無関係なページへの参照によって、該当ページに存在するすべてのオブジェクトが出力されてしまい、ファイルが肥大化することになります。

- 重複したフォント定義が削除されます。マージ対象のファイルが同じものであったり、フォントなどのコンテンツを共有していることがしばしばあります。こういったものは容量を節約するために重複分が削除されます。

- ファイルのしおりやデスティネーション、フォームなどのパーツが結合されます。一般的には、ページ内に限定されたデータは自ずと残ることになりますが、ドキュメントのあちこちから参照されるデータには何らかの処理が必要となります。

- メタデータと PDF のバージョン番号をどのファイルから取得するのかが決定されます（入力ファイル群の中で最もバージョン番号が大きいものを使用したり、指定された最初の入力ファイルからメタデータを取得するなどの方法が採られます）。

9.3 ドキュメントの分割

ドキュメントから特定のページを抽出する場合、ファイルのマージ時に解説したページ範囲の指定方法と同じシンタックスを使用できます。

```
pdftk file1.pdf 2-20 output out.pdf
```

これによって 2 ページ目から 20 ページ目まで（2 ページ目と 20 ページ目を含む）

が出力ファイルに書き出されます。また pdftk には、burst という操作も用意されており、これを使用することでファイルをページごとに分割し、一気に複数のファイルを作成することができます。

```
pdftk input.pdf burst
```

このコマンドを実行すると、pg_0001.pdf、pg_0002.pdf といった名前のファイルが作成されます。なお、C 言語の組み込み関数 printf とよく似た形式を指定することで、出力されるファイル名をさまざまな形式に変更することもできます。以下の例を見てください。

```
pdftk input.pdf burst output page%03d.pdf
```

これによって page001.pdf、page002.pdf といった名前のファイルが作成されます。burst 操作を指定した場合、ドキュメントのメタデータが doc-data.txt というファイルに書き出されます。この機能については「9.5 メタデータの抽出と設定」で解説しています。

9.3.1 ファイルを分割した際に起こること

pdftk を用いて PDF ファイルを複数のページに分割した場合、以下の手順が実行されることになります。

1. 入力ドキュメントがロードされ、解析の結果、オブジェクトグラフが作成されます（この手順は、どのファイルにも出力されないページの情報を処理しなくても済むよう、遅延評価される可能性があります）。

2. 空の PDF データ構造が、新たなドキュメントごとに新しく作られます。そして、ページ範囲ごとに、既存のドキュメントと同じオブジェクト番号を使用してページツリーが作成されます。

3. 入力の PDF から出力の PDF それぞれに対して、すべてのオブジェクトがコピーされます。

4. 各 PDF で必要とされていないオブジェクト（すなわち参照されていないも

の）はすべて削除されます。

最後の手順を正しく実行するには、出力ファイルで使われることのない、しおりやデスティネーション、ページをまたがるその他のオブジェクトへの参照がすべて削除されなければなりません。不要な参照が1つ残っていてために、元のファイルのオブジェクトグラフ全体が必要もないのに出力されてしまうということもあり得るのです。

9.4 スタンプと透かし

スタンプは、ページコンテンツを覆うように配置され、結合されるPDFページです。透かし（pdftkでは背景（background）と呼んでいます）もスタンプの一種ですが、こちらは既存のページコンテンツの下に配置されます。透かしは入力PDFのページの背景に色が付いている場合、正しく透けて見えないため機能しません。

pdftkでは、指定した範囲のページすべての上（あるいは下）にスタンプを配置する、stampとwatermarkという操作を用いてこれらのスタンプを作成することができます。なお、ページサイズが異なる場合、スタンプは拡大／縮小され、中央に配置されます。

以下の例を見てください。

```
pdftk file.pdf stamp stamp.pdf output output.pdf
```

9.4.1 スタンプを追加した際に起こること

pdftkを用いてスタンプを追加した場合、以下の手順が実行されることになります。

1. 双方のファイルをロード、解析することでPDFオブジェクトグラフが作成されます。

2. 双方のPDFのオブジェクト番号が互いに競合しないよう、番号の調整が行われます。これにより、スタンプPDFのオブジェクトがドキュメントPDFに追加できるようになります。

3. スタンプのページデータが、ドキュメントPDFの各ページのサイズに応じて適切な倍率に変換され、ページの中央に来るよう配置されます。

4. スタンプのページデータが、ドキュメント PDF の各ページデータ上に連結されます。フォントやイメージといったリソースは、衝突を避けるためにすべて名前が変更されます。一致していないスタックオペレータ（q/Q）がある場合、新たなデータの追加に先立って正規化されます。

5. これで PDF を出力ファイルに書き出せるようになります。

9.5　メタデータの抽出と設定

pdftk には、ドキュメントのメタデータ（著者やタイトルなど）を抽出し、ASCII 形式（非 ASCII 文字は XML の数値エンティティ形式にエンコードされます）や Unicode の UTF8 形式でテキストファイルに出力する機能があります。これは dump_data や dump_data_utf8 といったキーワードを指定します。以下の例を見てください。

```
pdftk input.pdf dump_data output data.txt
```

これにより例 9-1 のようなデータが data.txt に書き出されます。

例 9-1　pdftk で dump_data を指定した際の出力[†]

```
InfoKey: Creator
InfoValue: XSL Formatter V4.3 R1 (4,3,2008,0424) for Linux
InfoKey: Title
InfoValue: PDF Explained
InfoKey: Producer
InfoValue: Antenna House PDF Output Library 2.6.0 (Linux)
InfoKey: ModDate
InfoValue: D:20110713115225-05'00'
InfoKey: CreationDate
InfoValue: D:20110713115225-05'00'
PdfID0: 57f4673abea4ca58a27e19bf1871dfa
PdfID1: 57f4673abea4ca58a27e19bf1871dfa
NumberOfPages: 90
...
BookmarkTitle: Table of Contents
BookmarkLevel: 1
BookmarkPageNumber: 5
BookmarkTitle: Preface
```

[†]　...は紙面を節約するために省略した部分です。

例 9-1　pdftk で dump_data を指定した際の出力（続き）

```
BookmarkLevel: 1
BookmarkPageNumber: 9
BookmarkTitle: Why Read This Book?
BookmarkLevel: 2
BookmarkPageNumber: 9
BookmarkTitle: Audience
BookmarkLevel: 2
BookmarkPageNumber: 9
...
PageLabelNewIndex: 1
PageLabelStart: 1
PageLabelNumStyle: DecimalArabicNumerals
PageLabelNewIndex: 5
PageLabelStart: 5
PageLabelNumStyle: LowercaseRomanNumerals
PageLabelNewIndex: 13
PageLabelStart: 1
PageLabelNumStyle: DecimalArabicNumerals
```

このデータには以下の情報が含まれています。

1. ドキュメント情報辞書に格納されているキーとその値

2. ドキュメント中のページ数

3. しおりのタイトルやレベル、デスティネーションページ

4. ページラベル

update_info という操作は、抽出とは逆の操作を行う際、つまり上記のような情報を設定する際に使用することができます。同様に、update_info_utf8 という操作も用意されています。このため data.txt を作成し、それを修正した後、update_info を使用して元のファイルに書き戻すこともできるわけです。

```
pdftk input.pdf update_info data.txt output output.pdf
```

9.6 ファイルの添付

PDFファイルには、ドキュメント単位やページ単位に添付ファイルを追加することができます。PDFの添付ファイルについての基本的な解説は第7章を参照してください。ドキュメント単位に添付ファイルを追加するには、以下のようなコマンドを実行します。

```
pdftk input.pdf attach_files file1.xls file2.xls output output.pdf
```

このコマンドを使用することで、ドキュメント単位の添付ファイル群の末尾に指定した添付ファイルが追加されます。ページ単位に添付ファイルを追加する場合、to_pageキーワードを使用します。

```
pdftk input.pdf attach_files file1.xls to_page 4 output output.pdf
```

ドキュメントから添付ファイルを抽出し、指定したディレクトリに出力するには、unpack_filesというキーワードを使用します。

```
pdftk input.pdf unpack_files output outputs/
```

これにより添付ファイルがoutputsというディレクトリ内に出力されます(ファイル名には添付ファイルに保持されている名前が使用されます)。

9.7 暗号化と復号化

pdftkには暗号化されたファイルを読み込んだり、ファイルを暗号化して出力する機能も搭載されています。

9.7.1 暗号化されたファイルの復号化

input_pwキーワードを使用することで、入力ファイル(群)の所有者パスワードを指定することができます。なお、入力ファイルが複数ある場合には、ページ範囲を指定する際と同様に、ハンドルを用いて複数のパスワードを対応付けることもできます。また、ハンドルを使用しない場合、入力ファイルと同じ順序でパスワードが対応付けられます。ユーザパスワードを指定した場合、PDFのセキュリティモデルから来る制約により、pdftkのほとんどの機能は利用できなくなります。

暗号化された2つのファイルをマージする場合、以下のようなかたちでパスワードを指定することになります。

pdftk file1.pdf file2.pdf input_pw fred charles output out.pdf

これは、file1.pdf のパスワードが "fred" であり、file2.pdf のパスワードが "charles" の場合における例です。

9.7.2 ファイルの暗号化

pdftk は、encrypt_40bit や encrypt_128bit というキーワードを用いることで、40 ビット、または 128 ビットの RC4 という暗号化レベルでの暗号化が可能となっています。所有者パスワードとユーザパスワードはそれぞれ、owner_pw と user_pw というキーワードを用いて指定することができます。例えば、所有者パスワードを指定し、ユーザパスワードを空白のままにして 128 ビットの暗号化手法で入力ファイルの暗号化を行い、その結果をファイルに出力するには以下のようなコマンドを実行します。

pdftk input.pdf output output.pdf encrypt_128bit owner_pw fred

user_pw キーワードを指定しないことで、ユーザパスワードを空白にしている点にご注意ください。

ユーザパスワードを入力した際に可能となる操作は、今のところ設定していません。こういった操作は allow キーワードの後に1つ以上の権限を連ねることで指定できます（指定できる操作については第8章を参照してください）。

- Printing
- DegradedPrinting
- ModifyContents
- Assembly
- CopyContents

- ScreenReaders
- ModifyAnnotations
- FillIn
- AllFeatures（上記すべてに加え、最高品質での印刷）

以下の例は、フォームの記入だけを許すものです。

pdftk input.pdf output output.pdf encrypt_128bit allow FillIn owner_pw fred

9.8　圧縮

ページ単位のコンテンツ（グラフィックスオペレータのストリームなど）を閲覧／編集するには、まず圧縮されたデータストリームを展開する必要があります。こういったことは、pdftk の uncompress 修飾子を使用することで達成できます。

pdftk compressed.pdf output uncompressed.pdf uncompress

（手作業での編集を行った後などで）こういった処理を元に戻すには、compress 修飾子を使用します。

pdftk uncompressed.pdf output compressed.pdf compress

# 10章
PDFソフトウェアと参考文献

この章ではPDFファイルの閲覧や変換、編集、プログラミングを行うためのソフトウェアを紹介、解説しています。ここではオープンソースソフトウェアと、AdobeやOSメーカーから無償で提供されているソフトウェアを扱っています。また、ここでは紹介していませんが、サードパーティからもさまざまなソフトウェアが提供されています。

本章では、こういったソフトウェアに関するドキュメントや情報の入手方法についても述べています。

10.1 PDFビューア

PDFビューアの機能は以下の通りです。

- ドキュメントのグラフィックスコンテンツやテキストコンテンツを表示する。

- ユーザとドキュメントの（しおりやハイパーリンクの操作による）やり取りを仲介する。

- テキストコンテンツの検索や、カット＆ペーストを用いたテキストの抽出を行う。

すべてのビューアがこういった機能を搭載しているとは限りません。また、そのパフォーマンスはPDF形式と、内部にカプセル化されている形式（フォントやイメージなど）の複雑さによって大きく変わってきます（特に最新のPDF機能を使用しているファイルでは、その差が顕著になります）。

10.1.1 Adobe Reader

Adobe Reader は Adobe 自らが提供している無償の PDF ビューアであり、同社が PDF に取り込んださまざまな拡張（最新のフォームや注釈といった）すべてがサポートされたソフトウェアです。また、同社は Microsoft Windows や Mac OS X、Linux、Solaris、Android 上で動作する、有名どころのウェブブラウザ上で使用できる PDF プラグインも提供しています。こういったものを使用することで、オンラインフォームに記入し、それを電子的に送信することも可能となっています。

Adobe Reader は Adobe のウェブサイトから入手することができます (http://get.adobe.com/reader/)。

10.1.2 プレビュー

Mac OS X ユーザの多くは、OS によって提供されている迅速かつシンプルなプレビューという PDF ビューアを好んでいます。これはすぐさま起動し、Adobe Reader よりもスムーズに動作するうえ、検索やテキストの抽出もサポートされています。ウェブブラウザのウィンドウ内で PDF ビューアのプラグインを使用する場合、起動の迅速さは特に重要となるはずです。ただ、プレビューがサポートしていないファイル（JavaScript が保持された税金還付用のフォームなど）もあるため、Mac OS X には Acrobat Reader もインストールしておくが一般的となっています。

また、プレビューには「10.4.2 Mac OS X のプレビューを用いた編集」で解説しているように、一部の編集機能に制約があります（ただし機能は向上してきています）。

10.1.3 Xpdf

Xpdf は小粒ながら高速に動作するオープンソースの PDF ビューアであり、X Window System が利用可能な UNIX 系のコンピュータであればほとんどすべての OS 上で動作します。PDF の先進的な機能については制約があるものの、極めて高い信頼性を持ったプログラムと言えます。

Xpdf は Foo Labs のウェブサイト (http://foolabs.com/xpdf) から入手することができます。

10.1.4 GSview

GSview はオープンソースの PDF および PostScript ビューアであり、Microsoft

Windows と UNIX に対応しています。これは歴史のある、そして極めて信頼性の高い GhostScript PDF および PostScript インタープリタに基づいたものです。

GSview と GhostScript（GSview は内部でこれらを使用しています）は GhostScript のウェブサイト（http://pages.cs.wisc.edu/~ghost/）から入手することができます。

10.2 ソフトウェアライブラリ

Adobe は、Acrobat と同じコードを使用した PDF 操作用ライブラリを商用ライセンスによって高価格で提供しています。このセクションでは、そういったものの代替となるオープンソースライブラリを紹介しています。

一般的には、PDF ファイルを読み込むライブラリの構築よりも、PDF ファイルを出力するライブラリの構築の方がずっと簡単です。ファイルを出力する場合、PDF の特定の機能（すなわち特定の圧縮メカニズムや特定のフォントタイプなど）に対応しておくだけで済むうえ、複雑な解析メカニズムが不要になるのです。その一方でファイルを読み込む場合、PDF 規格全体を実装しておく必要があるというわけです。

10.2.1 Java および C# 向けの iText

iText は PDF ドキュメントの入出力ライブラリであり、パラグラフやリスト、テーブル、イメージといった高水準の構成要素を用いてテキストのレポートを作成することができます。また、しおりやハイパーリンク、注釈、JavaScript のアクションといった構成要素もサポートされています。さらに記入可能なフォームの作成や、ファイルの暗号化もサポートされています。iText は、iText Software のウェブサイト（http://itextpdf.com/）から入手することができます。

10.2.2 PHP 向けの TCPDF

TCPDF は PHP で記述されたライブラリであり、テキストのレイアウト、テーブル、HTML の変換、注釈、ハイパーリンク、イメージを含んだ PDF レポートの作成をサポートしています。また、TCPDF をウェブサービス上で使用し、ドキュメントを動的に生成することで、ウェブブラウザ中の PDF ビューアで表示させたり、電子メールで送信することもできます。

TCPDF とその使用例は、TCPDF のウェブサイト（http://www.tcpdf.org/）から入手することができます。

10.2.3 Perlを用いたPDFの処理

PDFファイルを読み/書き/編集するPerl向けのPDFライブラリは数多くあり、極めて高機能なものから、そうでないものまであります。残念なことに多くの場合、機能の多さに比例してドキュメントは貧弱なものとなっていきます。

そういったライブラリは、他の無償のPerlモジュールと同様に、Comprehensive Perl Archive Network（http://www.cpan.org/）からソースコードとドキュメントを入手することができます。

10.2.4 Mac OS X 上の PDF

AppleのPDFKitは、Appleがサポートしているプログラミング言語（Objective-Cなど）から使用可能な数多くのクラスを提供しています。こういったクラスには以下の機能が含まれています。

- PDFView——PDFドキュメントを画面上に表示します。

- PDFDocumentおよびPDFPage——ドキュメント単位やページ単位で操作を行います。

- PDFAnnotationやPDFAction、PDFOutline、PDFSelection——対話的な機能を実現します。

Mac OS Xに組み込まれているPDFビューア（プレビュー）は、こういったライブラリを用いて作成されています。PDF Kit Librariesのドキュメントは、AppleのMac OS X Developer Library（http://developer.apple.com/）から入手することができます。

10.3 フォーマットの変換

フォーマット変換は以下の3種類に分類できます。

- 倍率変換が可能な類似のベクタフォーマット（PostScriptやSVGなど）との変換。

- PDFから、PNGやTIFFといったラスタイメージへの変換。

- （特に JPEG のような PDF で対応しているフォーマットの単純なカプセル化を含む）ラスタイメージから PDF への変換

10.3.1 PDF から PostScript へ、またその逆への変換

　pdf2ps と ps2pdf は GhostScript に同梱されているコマンドラインプログラムであり、これらを使用することで PDF と PostScript 間の変換を行うことが可能になります。ただし、極めて複雑な処理が行われたり、処理に時間がかかったり、出力ファイルが肥大化したり、構造の一部が失われる（テキストがアウトラインへと変換されるなど）こともあります。詰まるところ、PDF と PostScript は同じ系統に属したページ記述言語であるものの、まったく異質なものなのです。

　ps2pdf と pdf2ps は、GhostScript のホームページ (http://pages.cs.wisc.edu/~ghost/) から入手することができます。

10.3.2 PDF のラスタ化によるイメージへの変換

　GhostScript に同梱されている gs というプログラムを使うことで、PDF ページを印刷や画面表示目的に見合った解像度のラスタイメージへと変換することができます。この機能は、GSView で PDF ページを表示するために使用されています。変換は、PNG や TIFF といったイメージファイルのフォーマットに対応付けられた複数の特殊な出力デバイスを指定することで達成されます。

　gs は GhostScript システムの一部となっており、GhostScript のホームページ (http://pages.cs.wisc.edu/~ghost/) から入手することができます。

10.3.3 ファイルの印刷による PDF への変換

　最近のワードプロセッサには、ハイパーリンクを管理し、目次のためのしおりを構築しつつ、ファイルを PDF としてエクスポートする機能が搭載されています。しかし、ネイティブフォーマットから PDF への変換機能を提供していないプログラムを使用して、PDF ファイルを出力したいという場合もしばしばあります。こういった場合、ファイルを印刷する代わりに PDF ファイルを出力するようなプリンタドライバを使用することができます。

　こういった機能は、Mac OS X では OS レベルで提供されており、印刷ダイアログ内から「PDF に保存」を選択することで使用できます。

　また、UNIX プラットフォームでは、オープンソースの CUPS 印刷システム

(http://cups-pdf.de/）のバックエンドである CUPS-PDF が同様の機能を提供しています。

同様に、Microsoft Windows では、オープンソースの PDFCreator プリンタドライバ（http://sourceforge.net/projects/pdfcreator/）が同様の機能を提供しています。なお、これは内部で GhostScript を使用しています。

10.4　PDF の編集

PDF は元々、何度も編集を繰り返していくものではなく、DTP のためのスケーラビリティと構造を備えた、完成したファイルのための形式として作られたものです。このため、ほとんどの PDF 編集ソフトウェアには、ファイルのマージや注釈の追加、フォームの記入、ページコンテンツのちょっとした編集といった特定の編集機能に制約が設けられています。

第 9 章では、PDF ファイルの操作を行うコマンドライン形式のオープンソースプログラムである pdftk を解説しました。このセクションでは、既存の PDF ファイルを編集するその他の方法について紹介しています。

10.4.1　Adobe Acrobat

Adobe の PDF エディタである Acrobat（数百ドルもします）には、無償の Adobe Reader がサポートしている機能を超えるさまざまな機能が搭載されています。そういった機能を以下に紹介します。

- PDF への印刷と、PostScript から PDF への変換

- Microsoft Word や Excel の文書ファイルとの間での変換

- OCR（光学文字認識）を用いてスキャンしたドキュメントとまったく同じ見た目の、しかし検索、編集可能なテキストを保持した PDF ファイルを生成する機能

- ページとそのコンテンツを並べ替えたり、回転、編集する機能

- プリフライト機能や公開ツール

- PDF フォームの作成機能

- PDF/AとPDF/Xの作成および検証機能
- 暗号化およびデジタル署名の追加機能

また、Adobe Acrobatに追加機能を提供する、サードパーティからのプラグインも多数出回っています。

10.4.2　Mac OS Xのプレビューを用いた編集

Mac OS X上に搭載されているPDF閲覧プログラム（プレビュー）も、編集機能を搭載していますが、インタフェースに難があるため、あまり活用されていません。

プレビューではPDFドキュメントに注釈を書き加えたり、テキストのハイライトや線引きによる抹消、ページのクロップ、テキストの追加、ハイパーリンクの作成、ページの削除や並べ替え、PDFのマージといったことが可能となっています。

プレビューはさまざまなドキュメントを取り扱えるうえ、ファイルの編集時にプレビューがサポートしていない機能に関する構造を保存するようにもなっています。

10.5　PDFとグラフィックスの参考文献

本書は、取っつきにくいPDFの参考文献を読み易くするための入門書として執筆されています。このセクションでは、その他の情報源や参考文献を紹介しています。

10.5.1　ISO 32000とPDFファイル形式

PDFバージョン1.6までの仕様は、*PDF Reference Manual*という書籍で出版されていました。しかし今では（そのタイトル通りに）PDF形式のドキュメントだけが利用可能となっています。

その後2008年に、PDFバージョン1.7がISO標準として批准されました（ISO 32000-1:2008）。ISOのPDF形式のドキュメントは、約500ドルで入手できます（ダウンロードまたはCD-ROMで提供されています）。幸いなことに、AdobeはPDF Version 1.7 Referenceを電子ベースで提供し続けています。これはISO 32000-1:2008に認証された際のコピーであり、章、セクション、サブセクションの番号も一致しています。

PDF 1.7に対するAdobeの拡張は、ExtensionLevelというドキュメントで文書化されています。これはISO標準の一部にはなっていないものの、今後の改訂で一本

化されると考えられています。

Adobe の ISO 32000-1:2008 と ExtensionLevel は Adobe Developer Connection Website（http://www.adobe.com/devnet/pdf/pdf_reverence.html）からダウンロードすることができます。

10.5.2　PDF Hacks

O'Reilly から出版されている書籍に Sid Steward 氏の執筆した『PDF Hacks──文書作成、管理、活用のための達人テクニック』があります。これは PDF にまつわるさまざまな問題の解決に焦点を当てたものとなっています。この書籍には約 100 種類のハックが掲載されています。

- PDF ビューアをカスタマイズして、より快適に PDF を閲覧できるようにする方法。

- 巨大な PDF ファイルをより小さなファイルに分割する方法。

- 複数のプラットフォーム上でさまざまなツールを用いて PDF ファイルを作成する方法。

- gVim テキストエディタから PDF テキストを編集する方法。

- 馴染みのあるソフトウェアを用いて、先進のナビゲーション機能を搭載した PDF を作成する方法。

- 洗練されたナビゲーションと対話的機能を搭載した PDF を構築する方法。

- PDF を動的に生成する方法。

- 単純なハイパーリンクではなく、ウェブサイトを用いて PDF ファイルを統合化する方法。

- PDF フォームを用いてウェブサイト上でデータを収集する方法。

- PDF ファイルの索引作成と比較を行う方法。

- 受信したファックスを PDF に変換する方法。

- Adobe Acrobatを操作するスクリプトの記述方法。

10.5.3 関連する話題

　PDF規格や本書では、コンピュータグラフィックスの一般知識を前提にしています。こういった知識に関する参考文献として*Computer Graphics Principles and Practice*（Foley他、Addison-Wesley刊、1990年）†がお勧めです。この書籍ではベジェ曲線や透明度、アフィン変換の他、PDFのグラフィックスストリームを出力する方法を理解するうえで必要となる基礎知識が解説されています。

　PDFで使用されている、ディクショナリやツリーといったさまざまなデータ構造とその採用理由を知るには、*Algorithms*（Cormen他、MIT Press、1990年）††がお勧めです。また、他のアルゴリズムに関する書籍でも良いでしょう。

10.5.4 フォーラムとディスカッション

　PDFの技術的な話題を扱っている場所は数多くあります。

- Planet PDF Forums（http://forum.planetpdf.com/）では、PDFに関する技術的なこと、そして技術的でないことすべてを扱っています。

- AdobeのAdobe Reader Forums（http://forums.adobe.com/community/adobe_reader_forum/adobe_reader）では、Adobe Readerに関するテクニカルサポートとディスカッションが行われています。

- usenet newsgrouopにおけるcomp.text.pdfでは、トラフィックこそ少ないものの、より技術的なディスカッションが行われています。

10.5.5 Adobeのウェブサイトにあるリソース

　PDFの技術的側面に興味のある方は、以下のAdobeのウェブサイトにアクセスすることで、さまざまなリソースが入手できます。

- PDF Technology Center（http://www.adobe.com/devnet/pdf.html）では、

---

† 訳注：邦題『コンピュータグラフィックス 理論と実践』Foley他著、佐藤義雄監訳、オーム社
†† 訳注：邦題『アルゴリズムイントロダクション—数学的基礎とデータ構造』『アルゴリズムイントロダクション—アルゴリズムの設計と解析手法』コルメン他著、浅野哲夫他訳、近代科学社

PDF の参照ドキュメントが公開されています。

- Acrobat Developer Center（http://www.adobe.com/devnet/acrobat.html）では、Acrobat のプラグインや FDF フォームのフォーマットを開発するためのリソースやドキュメントが用意されており、開発者向けの知識ベースも公開されています。

付録A
JavaScriptの埋め込み

古籏 一浩

　PDF に JavaScript プログラムを埋め込むことで、PDF ドキュメントにさまざまな機能を持たせることができます。例えば、閲覧期限の設定や、フォームデータの集計といった便利な機能が実現できます。

　詳細は Adobe の技術マニュアルに書いてあるのですが、膨大な資料から目的の情報を探すのは大変です。そこでこの付録 A では JavaScript を使ったテクニックの中でも特に便利でお役立ち度が高いものを集めてみました。

　なお、この付録では Acrobat X Pro 10.0 for Mac を利用して埋め込みを行っています。基本的には Windows の Acrobat でも同様の手順で JavaScript を埋め込み、利用することができます。

A.1　埋め込みの基本

　PDF は Acrobat 3.01 以降で JavaScript が埋め込めるようになっています。ただし、JavaScript の処理に対応していない PDF ビューアでは JavaScript の処理は行われずエラーも発生しません。つまり埋め込んだ JavaScript は無視されることになります。

　PDF 内で動作する JavaScript は文法上は Web ブラウザで利用できる JavaScript と互換性はあります。ただし、オブジェクト階層などが異なるため Web ブラウザ用に開発された既存のライブラリ（jQuery 等）は PDF 内で利用することはできません。PDF の JavaScript と JavaScript のバージョンの対応は以下のようになっています（ECMA Script との対応バージョンではありません）。

表 A-1　バージョン対応

Acrobat のバージョン	JavaScript (Mozilla) のバージョン
3.01	1.2
4.0	1.2
5.0	1.5
6.0	1.5
7.0	1.5
8.0	1.6
9.0	1.7
10.0	1.8

　PDF に JavaScript を埋め込む方法は以下の 4 種類があります。それぞれ動作するタイミングが異なっていますので用途に合わせて使用する必要があります。

① 文書アクションでの JavaScript

② フォームでの JavaScript

③ ページレベルでの JavaScript

④ 文書レベルでの JavaScript

　Acrobat（Adobe Reader）では PDF が読み込まれると最初に④が実行され、その後③が実行されます。①②はユーザのアクションに応じて JavaScript が実行されます。Google Chrome ブラウザでも PDF の JavaScript を実行できますが、Google Chrome の場合は③④の順番で実行されます。

PDF 内部の構造

　PDF 内で JavaScript プログラムはアクションごとにオブジェクトとして定義されます。そして、実際のコードは以下のように <<?>> で囲まれる辞書として記述されています。キー名が JS で () 内に JavaScript コードが入ります。/S/JavaScript は JavaScript のアクションであることを示しています。

```
33 0 obj
<</JS(app.alert\("Page Level"\);)/S/JavaScript>>
endobj
```

Acrobatではページレベル、文書のアクション、文書レベルの JavaScript に関しては まとまって記述されています。フォームに関しては別のブロックに記述されています。

以下の PDF で「<</JavaScript」とあるのは文書レベルでの JavaScript を示します。「<</JavaScript 34 0 R>>」であれば「34 0」番のオブジェクトに定義されている JavaScript を実行します。「34 0」番のブロックでは <</Names[(start)35 0 R]>> のように文書レベル JavaScript で指定した関数名と実際に呼び出す JavaScript コードがあるオブジェクト番号が記述されています。以下のコードの場合「app.alert("Document Root Level JS")」が実行されることになります。

文書レベル以外では「<</JS (実行コード)/S/JavaSciript>>」として JavaScript のアクションで定義されています。

```
32 0 obj
<</JavaScript 34 0 R>>
endobj
33 0 obj
<</JS(app.alert\("Page Level"\);)/S/JavaScript>>
endobj
34 0 obj
<</Names[(start)35 0 R]>>
endobj
35 0 obj
<</JS(app.alert\("Document Root Level JS"\);)/S/JavaScript>>
endobj
36 0 obj
<</JS(app.alert\("Document Action"\);)/S/JavaScript>>
endobj
```

A.1.1　文書アクションでの JavaScript 埋め込み

それでは実際に PDF に JavaScript を埋め込んでみます。ここでは文書を印刷する際にメッセージを表示するサンプルを作成してみましょう。

始めに JavaScript を埋め込む PDF を開きます。ここでは、白紙の PDF を用意しました（図 A-1）。

次に「表示」＞「ツール」＞「JavaScript」を選択します。するとウィンドウ右側に JavaScript を編集するための欄が表示されます（図 A-2）。

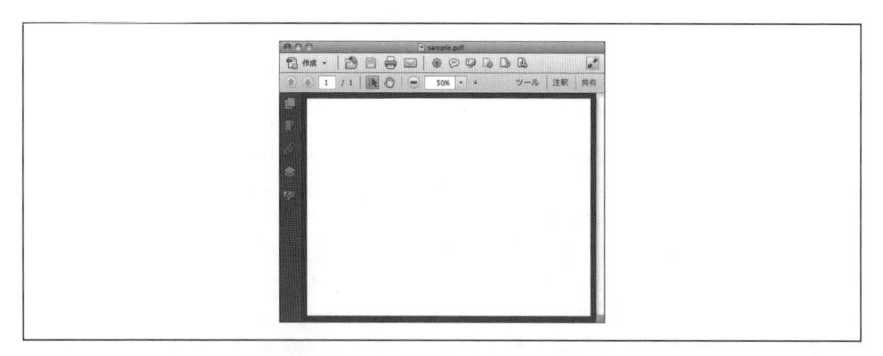

図 A-1　JavaScript を埋め込む PDF を開く

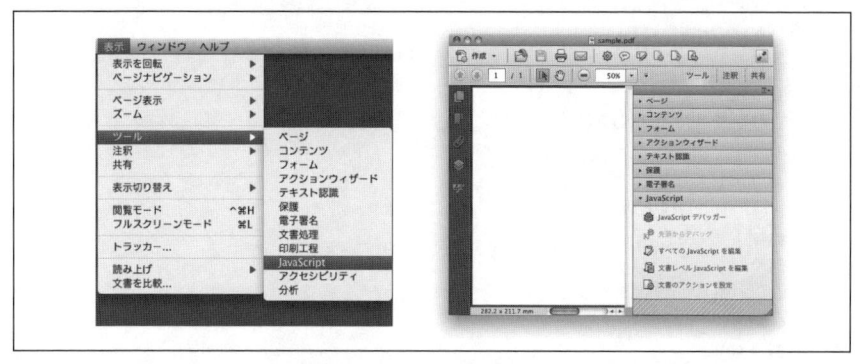

図 A-2　「表示」>「ツール」>「JavaScript」を選択すると（左）JavaScript を編集するための項目が表示される

　印刷前に JavaScript を実行するので「文書のアクションを設定」ボタンをクリックします。すると「アクションの設定」ダイアログが表示されます。ここで「文書を印刷する」を選択してから「編集…」ボタンをクリックします。すると JavaScript エディターが表示されます（**図 A-3**）。このエディタ内に実行する JavaScript を記述します。専用エディタが好みではない場合には、慣れているエディタを使い、専用エディタにペーストしても構いません。

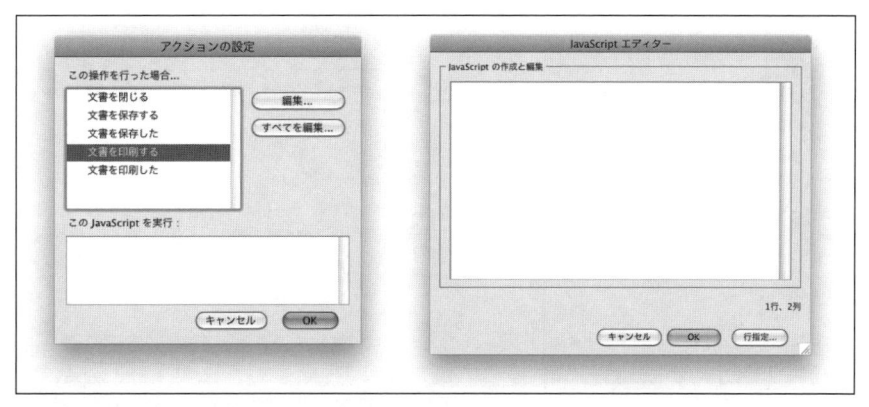

図 A-3　対応する処理を一覧で選択し「編集...」ボタンをクリックする（左）。すると専用エディタが表示される（右）

メッセージは以下のように app.alert() を使いアラートダイアログを表示します。

app.alert("この文書は極秘扱いですので注意してください");

図 A-4　JavaScript コードを記述する

　実行するコードを記述したら（**図 A-4**）後はウィンドウを閉じていきます。それでは実際に機能するか動作を確認します。メニューから「ファイル」＞「プリント...」を選択すると、印刷ダイアログが表示されます（**図 A-5**）。設定した JavaScript は、この印刷設定が終わった後に実行されます。

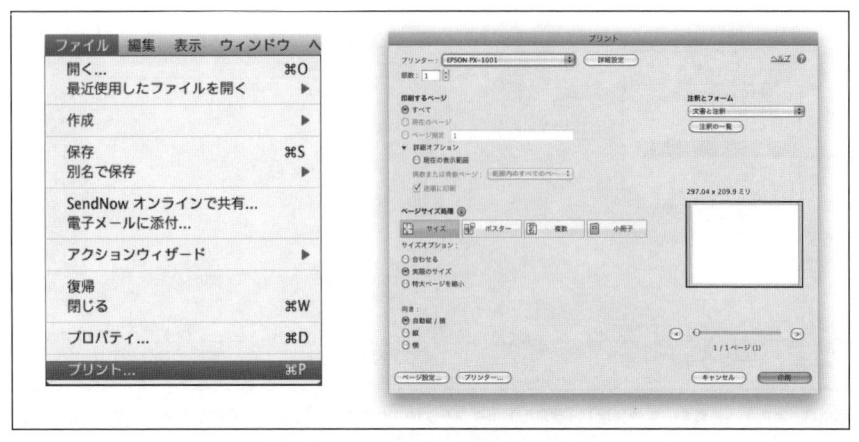

図 A-5　メニューからプリントを選択（左）すると、印刷ダイアログが表示される（右）

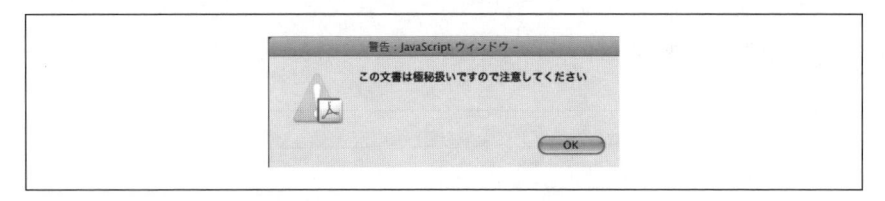

図 A-6　設定した JavaScript が実行される

アラートダイアログが表示されれば（図 A-6）、正しく JavaScript が埋め込まれ機能したことになります。

A.1.2　フォームレベルの JavaScript 埋め込み

　PDF はフォームのボタンがクリックされた場合などにも JavaScript を実行することができます。ここでは新規にボタンを作成し、ボタンが押されたらアラートダイアログを表示するサンプルを作成してみましょう。

　始めに JavaScript を埋め込む PDF を開きます（図 A-7）。ここでは、白紙の PDF を用意しました。

　次に「表示」＞「ツール」＞「コンテンツ」を選択します（図 A-8）。すると図 A-9 のようにウィンドウ右側にフォームのボタンを作成するための欄が表示されます。

　表示された欄内にインタラクティブオブジェクトの編集のカテゴリがあります。こ

A.1 埋め込みの基本

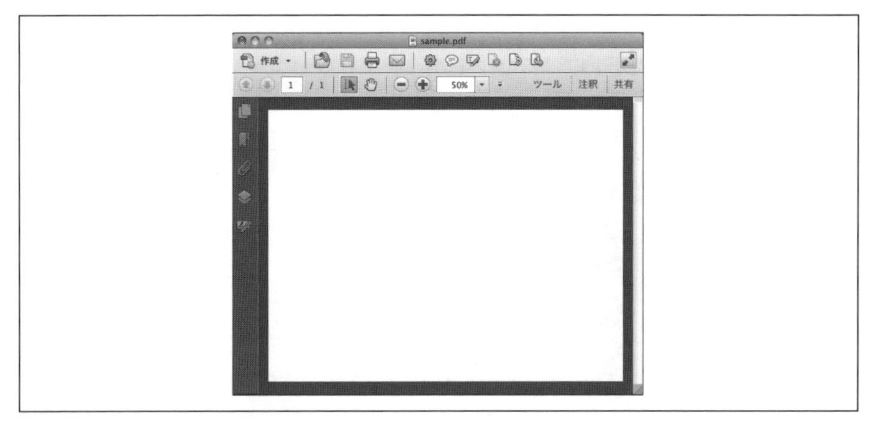

図 A-7 JavaScript を埋め込む PDF を開く

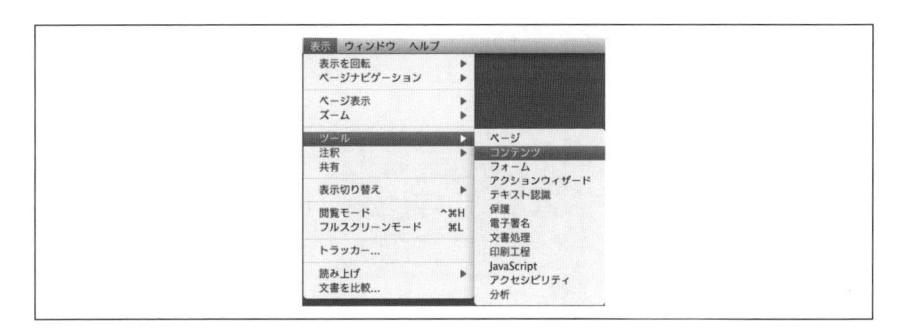

図 A-8 「表示」>「ツール」>「コンテンツ」を選択

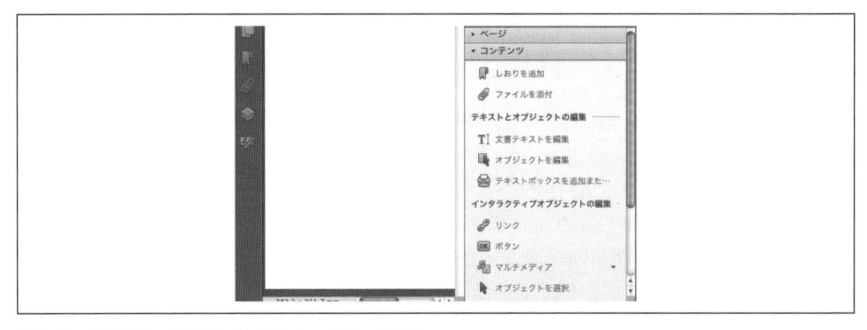

図 A-9 右の欄の「ボタン」をクリックして選択

のカテゴリ内にある「ボタン」をクリックして選択します。

選択したら白紙のPDF内でドラッグしボタンを作成します（**図A-10**）。

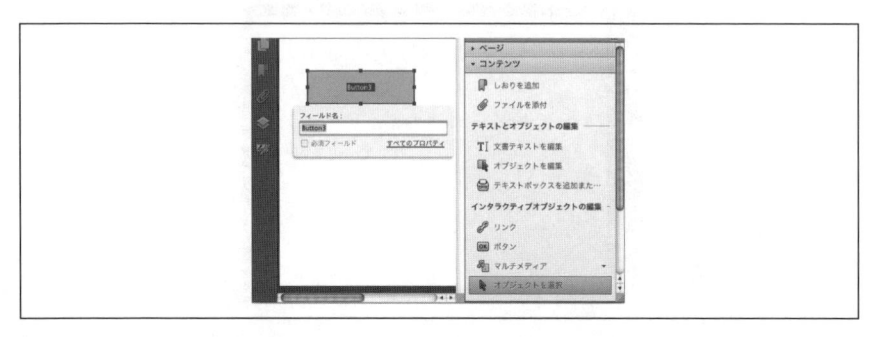

図A-10　ボタンを作成する

JavaScriptの動作を設定するにはボタンをダブルクリックします。すると、**図A-11**のようなダイアログが表示されます。

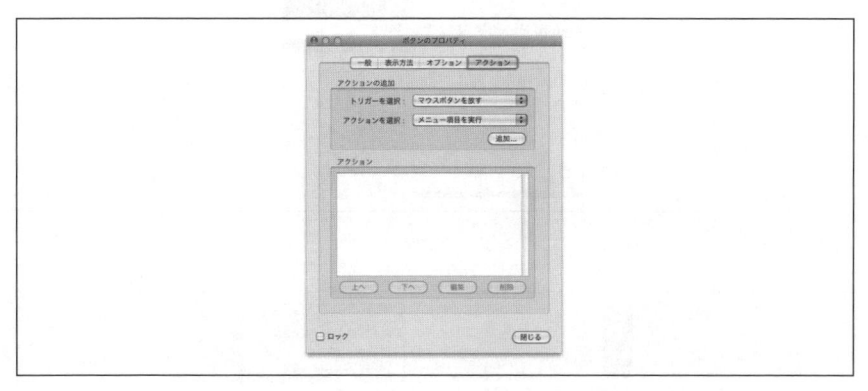

図A-11　ダイアログが表示される

このダイアログの「アクションを選択」ポップアップメニューから「JavaScriptを実行」を選択してから「追加...」ボタンをクリックします。「追加...」ボタンをクリックするとJavaScriptエディターウィンドウが表示されます（**図A-12**）。

このJavaScriptエディターに実行するプログラムを入力します。先ほどの文書レベルのJavaScriptと同様にアラートダイアログを表示するプログラムを入力します。

```
app.alert("ボタンをクリックしました");
```

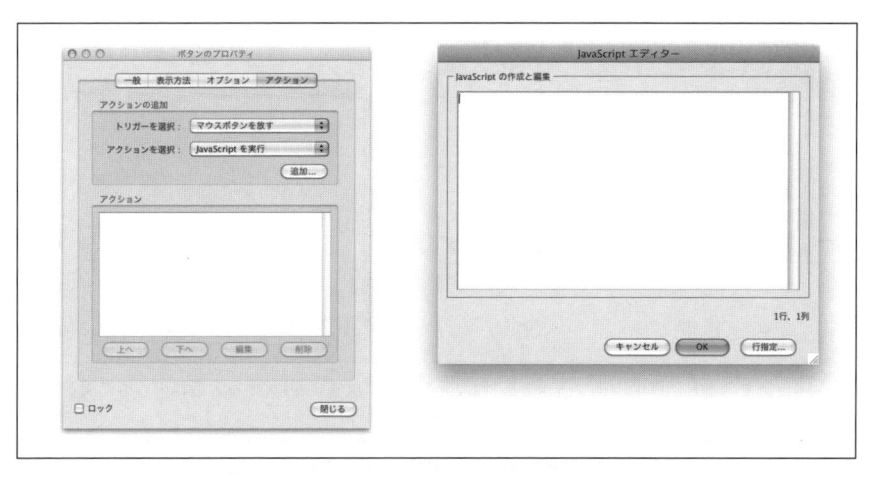

図 A-12 「JavaScript を実行」を選択してから「追加 ...」ボタンをクリック（左）すると、JavaScript エディターが表示される（右）

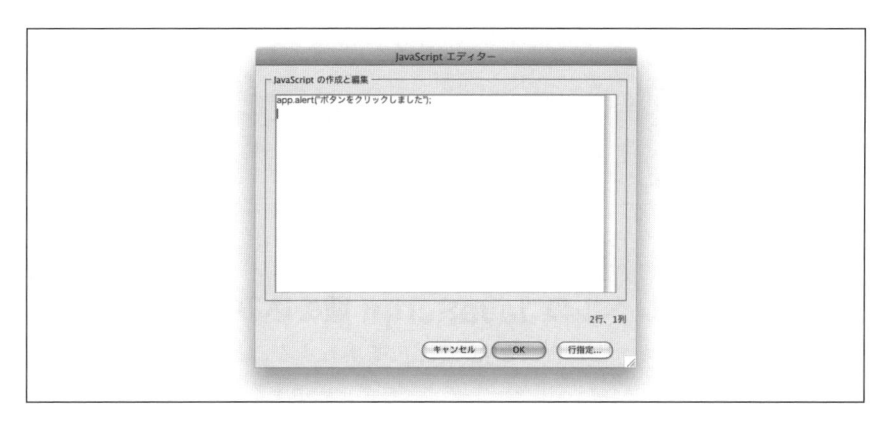

図 A-13 プログラムを入力する

　これで入力は完了です（図 A-13）。あとは OK ボタン、閉じるボタンと順番にクリックし元の画面に戻ります。元の画面に戻っても編集可能な状態になっていますので、テキストと画像の選択ツールを選択します（図 A-14）。
　それでは、ボタンをクリックしてみましょう。すると画面にアラートダイアログが表示されます（図 A-15）。
　このようにして PDF のフォームボタンに JavaScript を設定することができます。

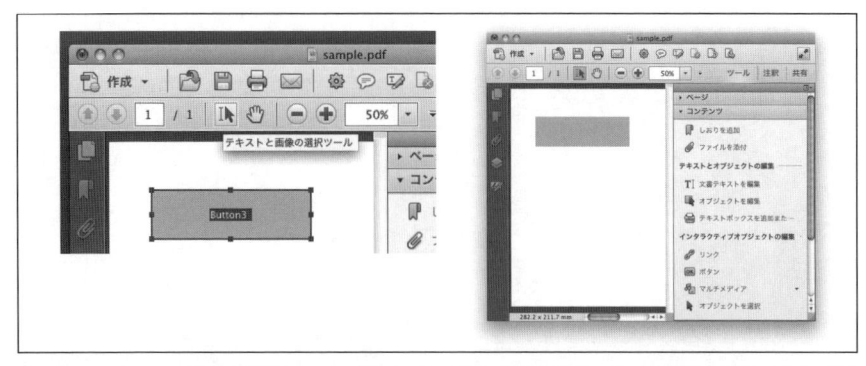

図 A-14　テキストと画像の選択ツールを選択し、元の状態に戻す（左）。すると通常の状態に戻る（右）

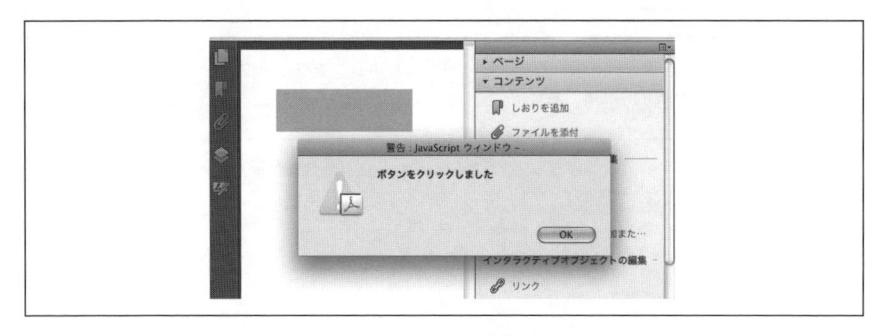

図 A-15　ボタンをクリックするとアラートダイアログが表示される

A.1.3　ページレベルの JavaScript 埋め込み

　PDF はページが開かれた場合にも JavaScript を実行することができます。ここでは最初のページが表示されたらアラートダイアログを表示するサンプルを作成してみましょう。

　始めに JavaScript を埋め込む PDF を開きます。ここでは、3 ページある PDF を用意しました（図 A-16）。

　ページレベルの JavaScript を埋め込むにはページサムネールを表示しておきます。図 A-17 の左と同様の状態になっていれば問題ありません。次に JavaScript を設定したいページをクリックして選択し、オプションメニューから「ページのプロパティ..」を選択します。

　ページのプロパティダイアログが表示されるので「アクション」タブを選択し表

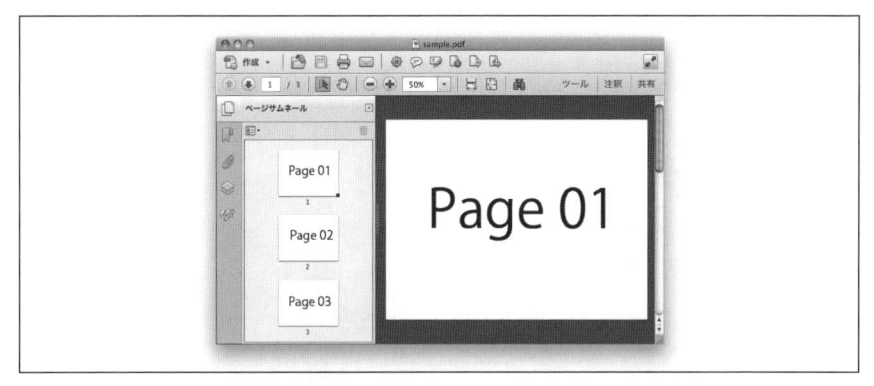

図 A-16 複数ページある PDF を用意する

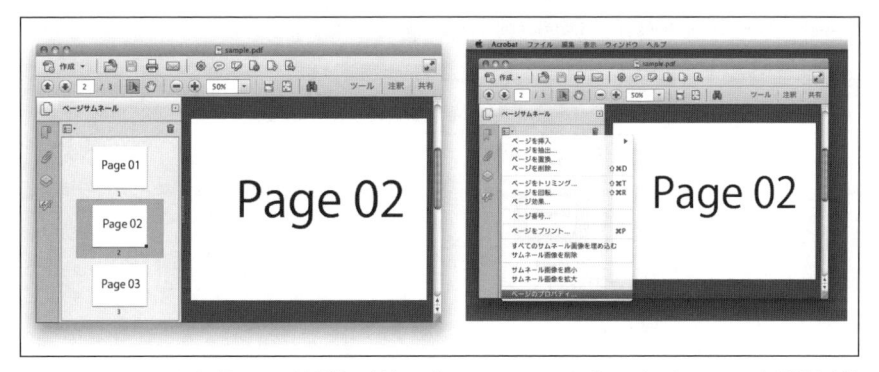

図 A-17 JavaScript を埋め込むページを選択し（左）、オプションメニューから「ページのプロパティ...」を選択（右）

示されるポップアップメニューから「JavaScript を実行」を選択します。なお、いつ JavaScript を実行するかも指定できます。選択したら「追加...」ボタンをクリックします（図 A-18）。

JavaScript エディターが開かれます。ここで以下のように入力し 2 ページ目であることを示すアラートダイアログを表示するようにします（図 A-19）。

```
app.alert("2 ページが開かれました");
```

入力が終わったら OK ボタンを押して元の画面に戻します。実際に設定した JavaScript が動作するか確認します。2 ページ以外のページを開いてから、2 ページに移動します。すると設定したアラートダイアログが表示されます（図 A-20）。

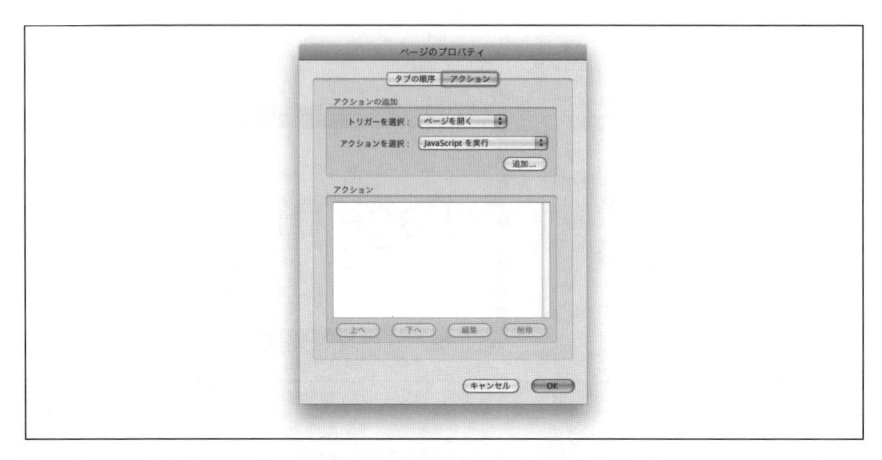

図 A-18　ページのプロパティで JavaScript を実行するように設定

図 A-19　JavaScript を入力

　ページ単位で処理を分けたい場合には、このようにしてページごとに動作する JavaScript を設定することができます。

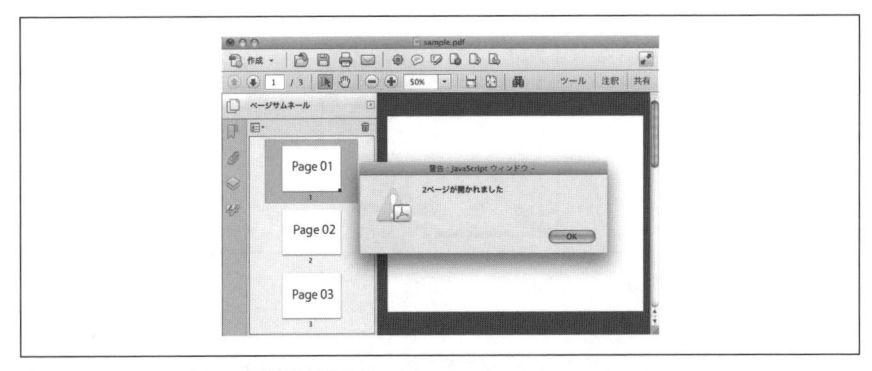

図 A-20　アラートダイアログが表示される

A.1.4　PDF 読み込み時の JavaScript 埋め込み

　PDF が読み込まれた時に実行する JavaScript を埋め込むこともできます。閲覧期限などを設定する場合に便利です。JavaScript は関数の形で入力することになっており、共通して利用できるライブラリを前提としているようです（ツールで表示されるアイコンもそのようになっています）。直接関数を呼び出すか、そのまま JavaScript プログラムを記述しても問題なく動作します。

　それではページが読み込まれたらメッセージを表示するプログラムを埋め込んでみます。始めに JavaScript を埋め込む PDF を用意します（**図 A-21**）。

　次に「表示」＞「ツール」＞「JavaScript」を選択します（**図 A-22**）。

　表示された右側の欄にある「文書レベル JavaScript を編集」をクリックします（**図 A-23**）。

図 A-21　JavaScript を埋め込む PDF を用意する

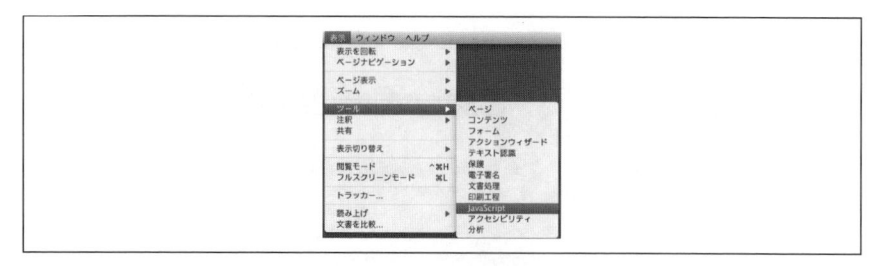

図 A-22 「表示」>「ツール」>「JavaScript」を選択

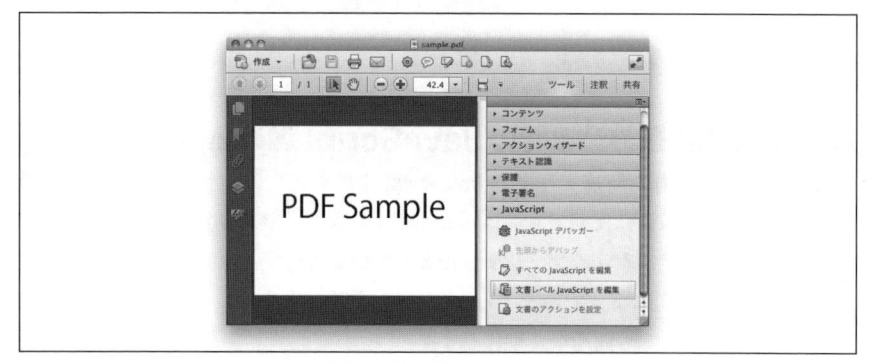

図 A-23 「文書レベル JavaScript を編集」をクリック

　するとダイアログが表示されます。ここではスクリプト名を入力しますが、実際にはライブラリとして呼び出される関数名を入力します。関数名を入力したら「追加 ...」ボタンをクリックします。すると JavaScript エディターが表示されます（図 A-24）。この時点で入力した関数名が設定されたコードが自動的に入ります。

　ここでは PDF 読み込み時にアラートダイアログを表示しますので、入力されているコードをすべて消して以下のように入力します（図 A-25）。

```
app.alert("PDF が読み込まれました ");
```

　入力したらダイアログを閉じていきます。文書レベル JavaScript のダイアログを閉じると入力した JavaScript が実行されアラートダイアログが表示されます（図 A-26）。また、PDF を読み込んだ場合も最初に一回だけ実行されます。なお、ここで設定した JavaScript はページレベルの JavaScript よりも先に実行されます。

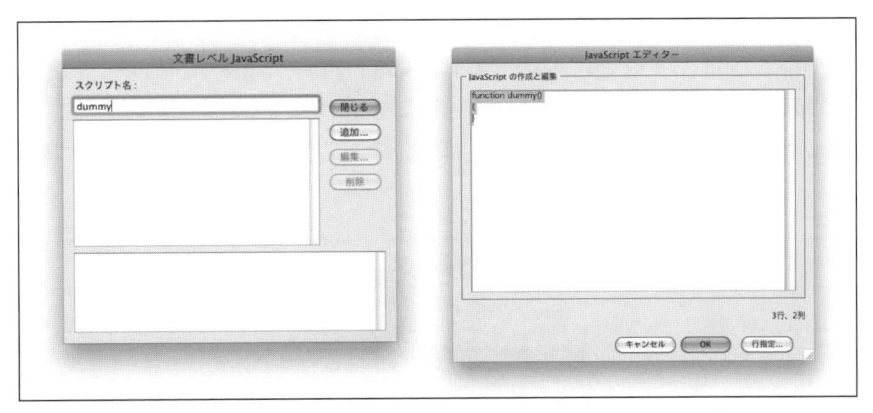

図 A-24 関数名を入力し「追加...」ボタンをクリック（左）。すると入力した関数名が入ったコードが自動的に入力される

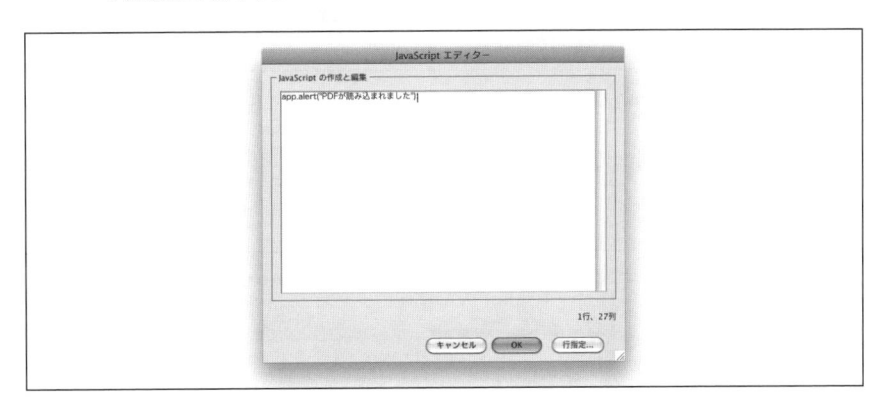

図 A-25 JavaScript を入力

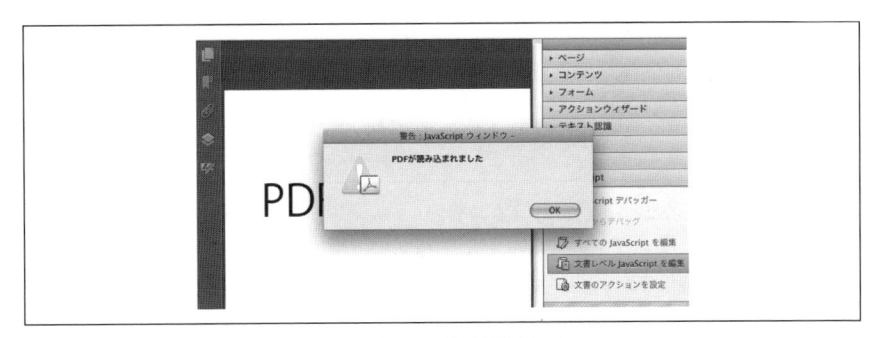

図 A-26 JavaScript が実行されアラートダイアログが表示される

A.1.5　一括して JavaScript を編集する

　PDF は文書レベルやフォームなどの JavaScript は別々になっていますが、内部では XML データとして格納されており、一括して編集することができます。

　JavaScript を一括して編集するには「表示」＞「ツール」＞「JavaScript」を選択します（図 A-27）。

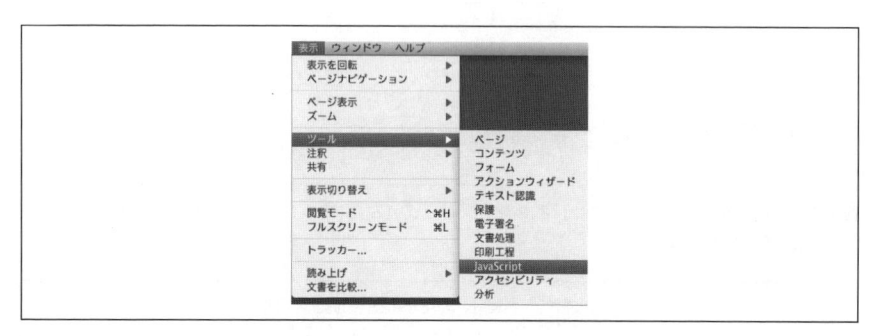

図 A-27　「表示」＞「ツール」＞「JavaScript」を選択

　表示された右側の欄内にある「すべての JavaScript を編集」ボタンをクリックします（図 A-28）。

図 A-28　「すべての JavaScript を編集」ボタンをクリック

　すると JavaScript エディターが表示され、文書レベルの JavaScript もフォームの JavaScript も一括して編集できるようになります（図 A-29）。

図 A-29　JavaScript を一括編集できる

A.2　JavaScript のデバッグ

　Acrobat には JavaScript のデバッグを行うことができるデバッガーが標準で内蔵されています。Adobe Photoshop や Illustrator には ESTK（Extend Script Toolkit）という強力な開発ツール＆デバッガーがありますが、残念ながら Acorbat では ESTK を使用することはできません。

　ここでは、Acrobat の JavaScript を使った開発する際に必要となるデバッガーの使い方について説明します。

A.2.1　デバッガーの起動

　まず、デバッグが必要な PDF を開きます。ここではボタンをクリックするとあらかじめ設定された複数の Web ページをブラウザで表示するスクリプトをデバッグしてみます。ページ内にはボタンがあり、ボタンには以下の JavaScript コードが記述されています。このコードには問題があり、常に配列の最初に設定した Web ページに移動してしまいます。

```
var url = ["http://www.openspc2.org/", "http://www.oreilly.co.jp/",
           "http://www.yahoo.co.jp/", "http://www.google.co.jp/"];
var n = Math.floor(Math.random() * url.length);
app.launchURL(url[n], true);
```

同じWebページにしか移動しないわけですから、配列変数urlかランダムな数を求めた結果を入れる変数n、もしくはapp.launchURL()自体に何か問題がある可能性があります。

まず、デバッガーを起動します。デバッガーはWindowsの場合はctrl+Jキー、Mac OS Xの場合はcommand+Jキーを押します。また、「表示」＞「ツール」＞「JavaScript」として表示されるカテゴリから「JavaScriptデバッガー」をクリックします（図A-30）。また、環境設定でエラー発生時の処理などの設定を行うことができます（図A-31）。

なお、Acrobatのデバッガーは時々おかしくなることがあります。もし、デバッ

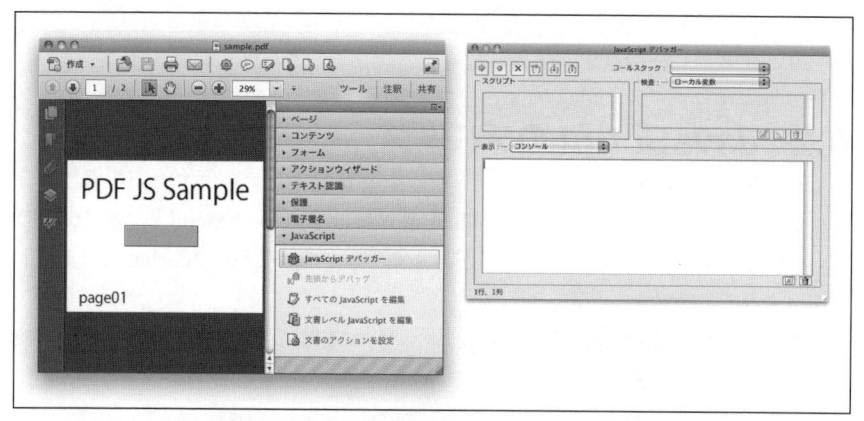

図A-30　デバッガーを起動する（左）。するとJavaScriptデバッガーが表示される（右）

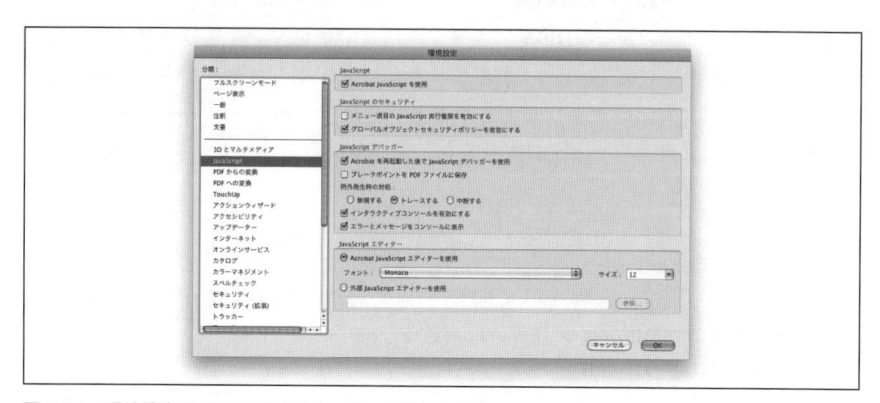

図A-31　環境設定ダイアログでデバッガーの設定を行う

ガーがうまく動作しないようであればAcrobatを再起動してください。

ボタンに記述したJavaScriptをデバッグする場合は、プログラム内にdebuggerと記述しデバッガーを起動するようにします。ここではapp.launchURL()の前にdebuggerの文字を入れます。これでapp.launchURL()が実行される前にデバッガーが起動します。

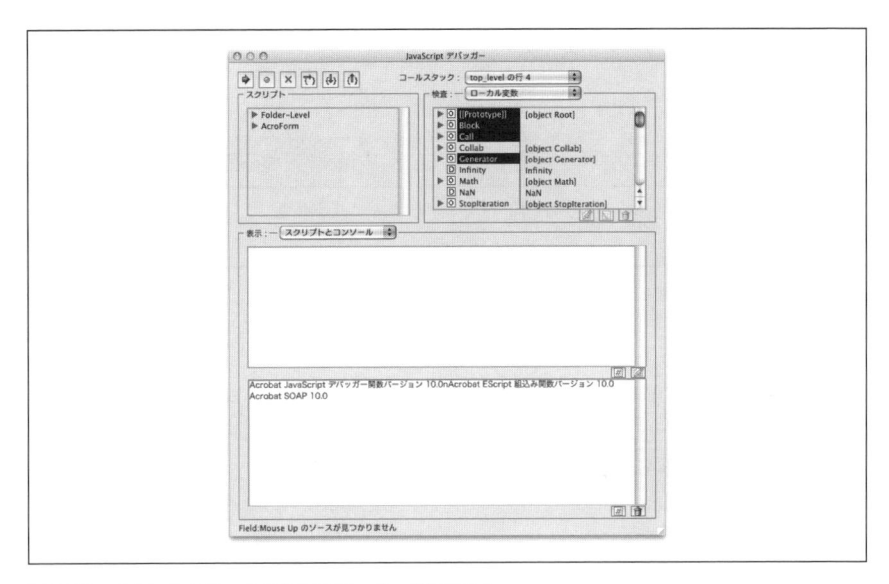

図A-32 ボタンをクリックするとデバッガーが起動する

```
var url = ["http://www.openspc2.org/", "http://www.oreilly.co.jp/",
           "http://www.yahoo.co.jp/", "http://www.google.co.jp/"];
var n = Math.floor(Math.random()) * url.length;
debugger;
app.launchURL(url[n], true);
```

それでは変数の値を確認してみます。デバッガーの右上にある検査で「ローカル変数」を選択します。するとプログラム内で使用されている変数やオブジェクトがリストアップされます。ここで、変数の値を確認してみると変数urlには正しくURLが入っており（図A-33）、変数nにも数値である0が入っています（図A-34）。

常に最初のWebページに移動してしまう、つまり常に変数nが0ということになります。そこで、変数nに乱数値を入れている部分のコードを変更します。10回乱

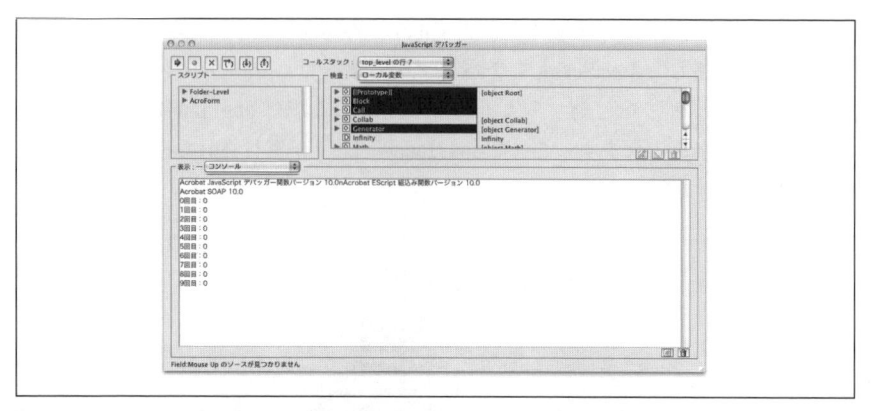

図 A-33　url には正しく Web ページの URL が入っている

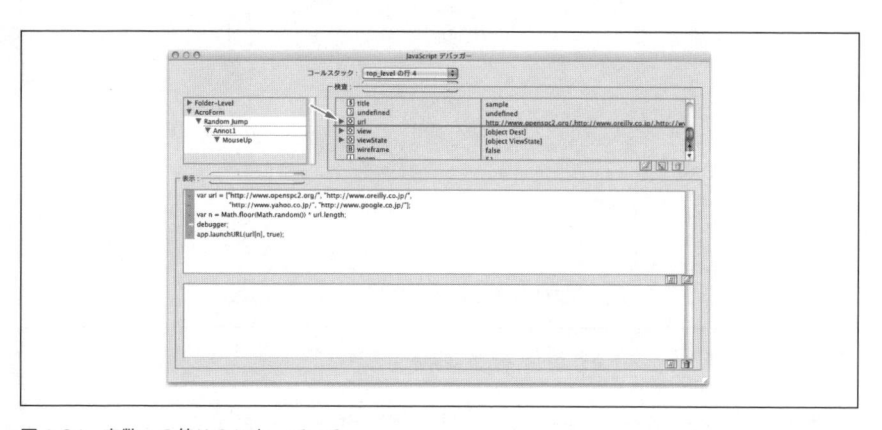

図 A-34　変数 n の値は 0 になっている

数を生成し、その結果をデバッグコンソールに出力します。
　デバッグコンソールに文字や値を出力するには console.println() を使います。

```
var url = ["http://www.openspc2.org/", "http://www.oreilly.co.jp/",
           "http://www.yahoo.co.jp/", "http://www.google.co.jp/"];
for(var i=0; i<10; i++){
    var n = Math.floor(Math.random()) * url.length;
    console.println(i+" 回目："+n);
}
debugger;
app.launchURL(url[n], true);
```

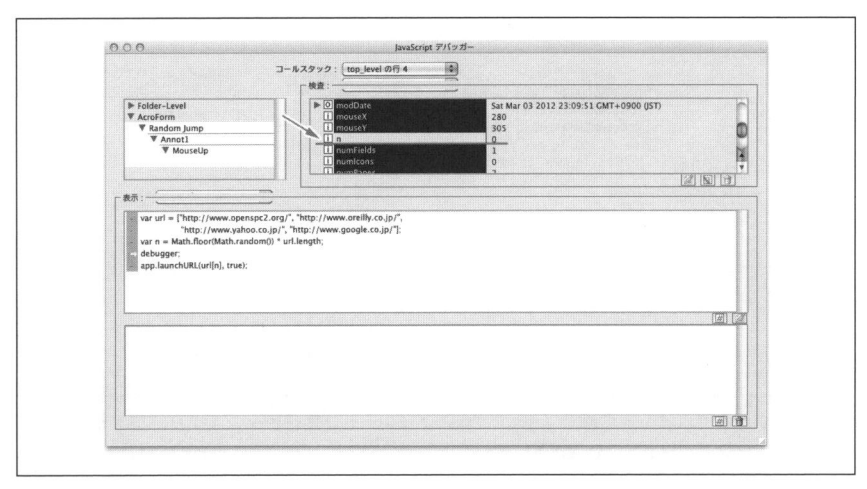

図 A-35　変数 n の値を 10 回表示

　デバッグコンソールに出力された結果を見るとランダムに数値を生成しているにも関わらず変数 n の値は常に 0 です。やはり、ここに原因があるようです。よく見ると乱数値が 0 〜 1 未満なのに Math.floor() を使って小数値を切り捨てています。これでは値は常に 0 です。0 に URL の個数を乗算しても結果は 0 です。つまり、以下のように乱数値と URL の個数を乗算した後で Math.floor() を使わなければいけなかったのです。

```
var url = ["http://www.openspc2.org/", "http://www.oreilly.co.jp/",
           "http://www.yahoo.co.jp/", "http://www.google.co.jp/"];
var n = Math.floor(Math.random() * url.length);
app.launchURL(url[n], true);
```

　今回のように短いプログラムであればミスも素早く発見できるでしょう。しかし、長いプログラムになると動作を追うのも大変です。このような場合はデバッガーでブレークポイントを設定します。ブレークポイントはデバッガーの表示で「スクリプト」または「スクリプトとコンソール」のポップアップメニューを選択しプログラムを表示します。
　プログラムの左側にある「-」をクリックすると赤い●印がつきます。ここがブレークポイントになります。ブレークポイントを設定した行の直前までプログラムは実行

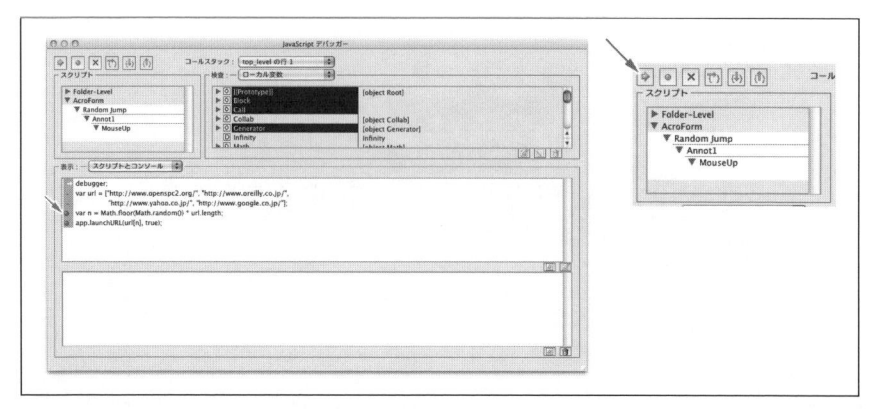

図A-36　ブレークポイントを設定（左）。これによりステップ実行ボタンをクリックすると次のブレークポイントまで処理が実行される

されます（図A-36）。ブレークポイントを設定したら、thisの値やローカル変数の値を確認しデバッグすることができます。

次の行に処理を進めたい場合にはデバッガーの左上にある「→」ボタンをクリックします。また、関数として定義してある場合はステップイン／ステップアウト／ステップオーバーのボタンで処理をまとめて行うことができます。

A.3　しおりを階層化テキストで書き出す

PDFにはしおり（栞／ブックマーク）を設定することができます。ただ、設定したしおりを書き出す機能がAcrobatにはありません。JavaScriptを使えばしおりの階層を保ったままデバッグコンソール出力することができます（図A-39）。デバッグコンソールに出力された内容はコピーできますので、後は自由に利用することができます。

以下のJavaScriptがしおりの名前を書き出すプログラムになります。これはフォームのボタンでも文書レベルのスクリプトに記述しても動作します。

```
(function (root, space){
    if (root.children == null){
        return;
    }
    for (var i=0; i<root.children.length; i++){
        var spc = "";
```

```
        for(var s=0; s<space; s++){
            spc = spc + " ";
        }
        console.println(spc + root.children[i].name);
        if (root.children[i] != null){
            arguments.callee(root.children[i], space+1);
        }
    }
})(bookmarkRoot, 0);
```

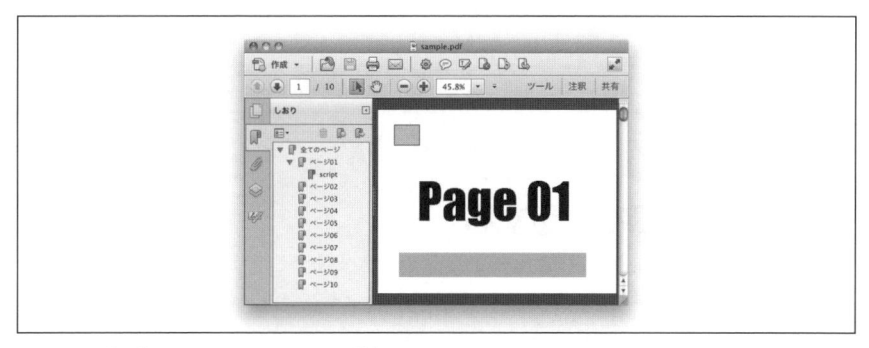

図 A-37　階層化されたしおりが PDF に設定されている

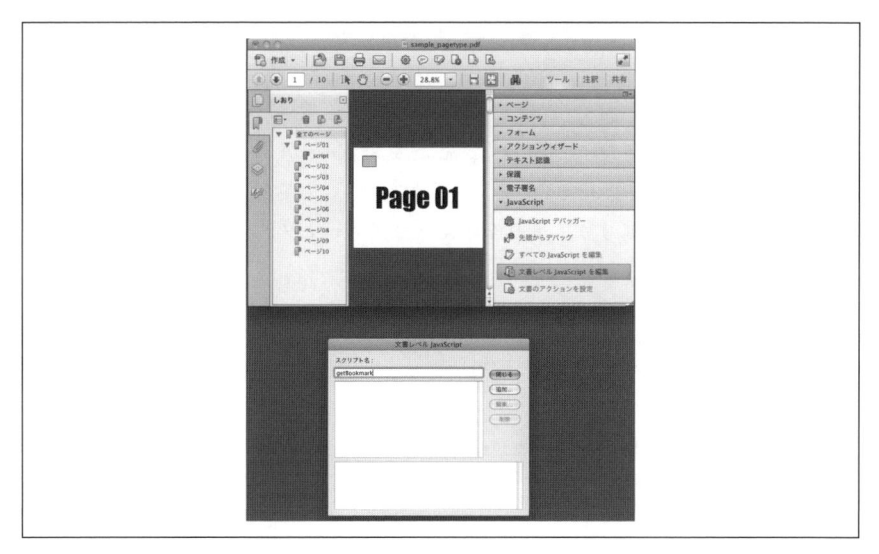

図 A-38　文書レベルの JavaScript として設定

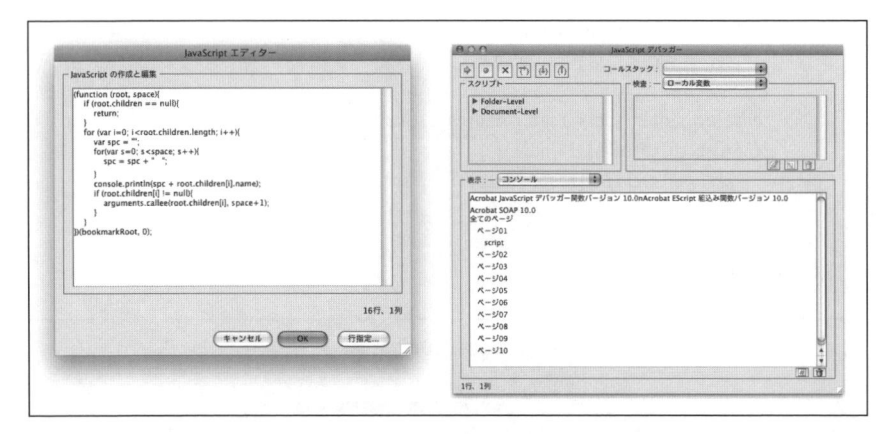

図 A-39　JavaScript を入力（左）すると、しおりの名前がデバッグコンソールに出力される（右）

A.4　閲覧期限を設定する

　PDF には閲覧制限をするパスワードを設定できますが、閲覧期限を設定することができません。JavaScript を使えば閲覧制限を設定することができます。ここでは、閲覧期限をスクリプトで設定します。

　閲覧期限は設定した期限と現在の時間（ミリ秒）を減算し負数であれば期限が過ぎていることになります。期限が過ぎていれば app.execMenuItem() を使って PDF を閉じます。

　JavaScript は PDF を開いた時に実行される必要があるため文書レベルの JavaScript に以下のプログラムを記述する必要があります。閲覧期限は checkDate("2012/3/4 01:02:03") で設定できます。この場合、2012 年 3 月 4 日 1 時 2 分 3 秒まで閲覧できますが、それを超えるとアラートダイアログが表示され PDF は自動的に閉じられます（図 A-40）。

```
function checkDate(limitDay){
    var limit = (new Date(limitDay)).getTime();
    var now = (new Date()).getTime();
    if ((limit - now) < 0){
        app.alert(" 閲覧期限を過ぎました ");
        app.execMenuItem("Close");
    }
}
checkDate("2012/3/4 01:02:03");
```

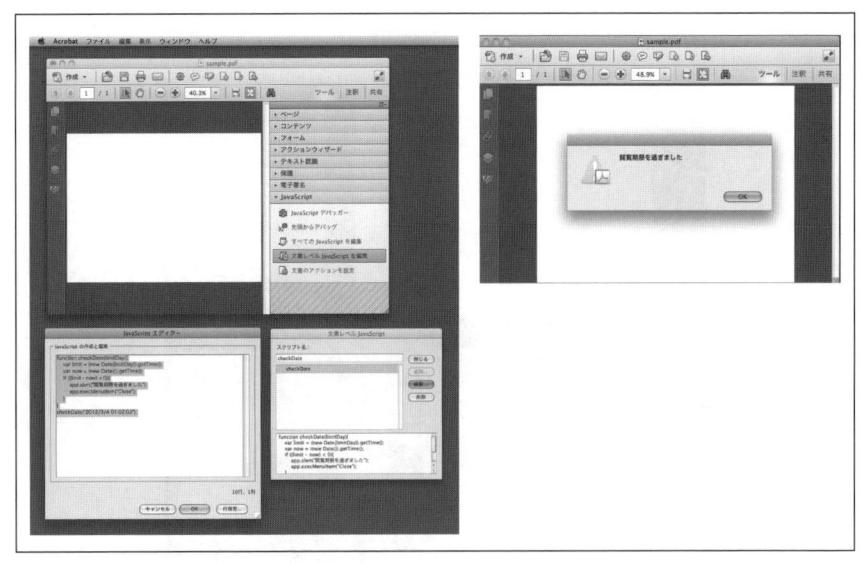

図 A-40　PDF 読み込み時に実行される必要があるため文書レベルに JavaScript を設定すると（左）、閲覧期限を過ぎるとダイアログが表示され、その後 PDF は閉じられる（右）

A.5　閲覧回数を表示する

　Acrobat にはデータを永続的に保存する機能があります。これは global.setPersistent() を使い、保存したい変数名（ハッシュのキー名）を指定します。これを利用すると閲覧回数を表示することができます（閲覧回数制限も可能）。

　閲覧回数を表示するプログラムは以下のようになります。これは文書レベルの JavaScript に設定する必要があります。なお、Google Chrome などのブラウザでは global.setPersistent() は動作しないため、閲覧回数を保存することはできず常に初回の閲覧となります。

```
var count = global.accessCount;
if (!count){
    app.alert(" 初めての閲覧になります ");
    global.accessCount = 2;
    global.setPersistent("accessCount", true);
}else{
    app.alert(global.accessCount+" 回目の閲覧になります ");
    global.accessCount += 1;
}
```

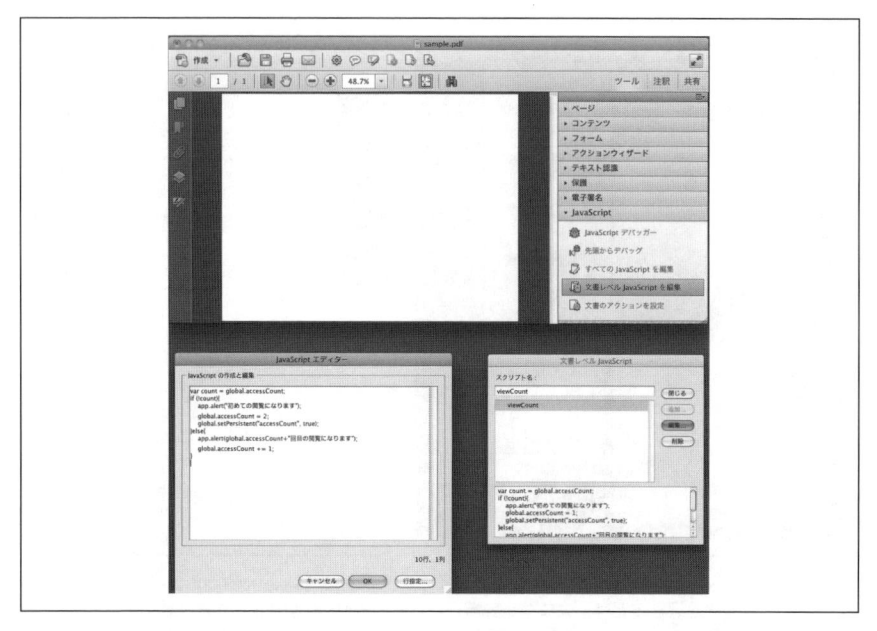

図 A-41　PDF 読み込み時に実行される必要があるため文書レベルに JavaScript を設定する

図 A-42　初回閲覧時の場合の表示

図 A-43　Acrobat を終了させても閲覧回数は保存されている

A.6　フルスクリーンモードにする

　JavaScript を使えば PDF を開いた際にフルスクリーンモードにすることができます。ただし、ユーザが許可しない場合はフルスクリーンモードにすることはできません。

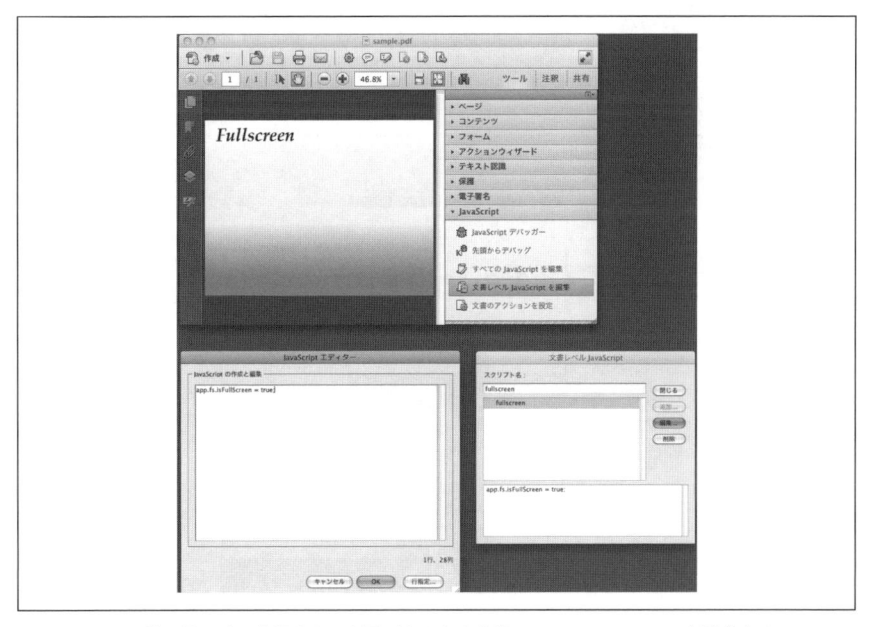

図 A-44　PDF 読み込み時に実行される必要があるため文書レベルに JavaScript を設定する

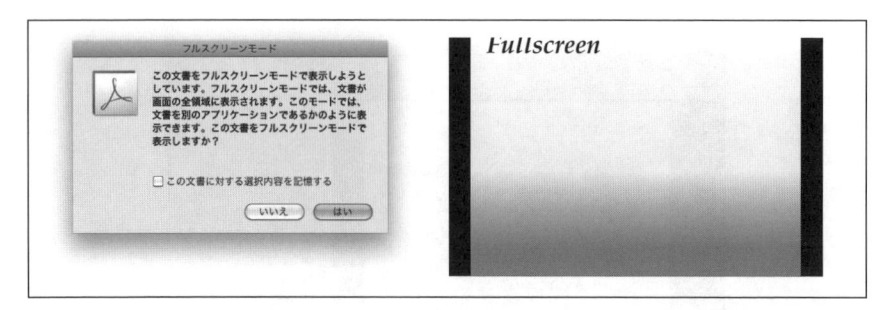

図 A-45 フルスクリーンモードを許可するかどうかのダイアログが表示される（左）。「はい」を選択した場合のみフルスクリーンモードで PDF が表示される（右）

フルスクリーンモードにするには文書レベルの JavaScript に以下の 1 行を記述するだけです。

```
app.fs.isFullScreen = true;
```

A.7　自動的にしおりを作成する

JavaScript を使えばページの数に応じて自動的にしおりを作成することができます。createChild() を使って現在のしおりに追加することができます。パラメータにはしおりにつける名前を指定します。

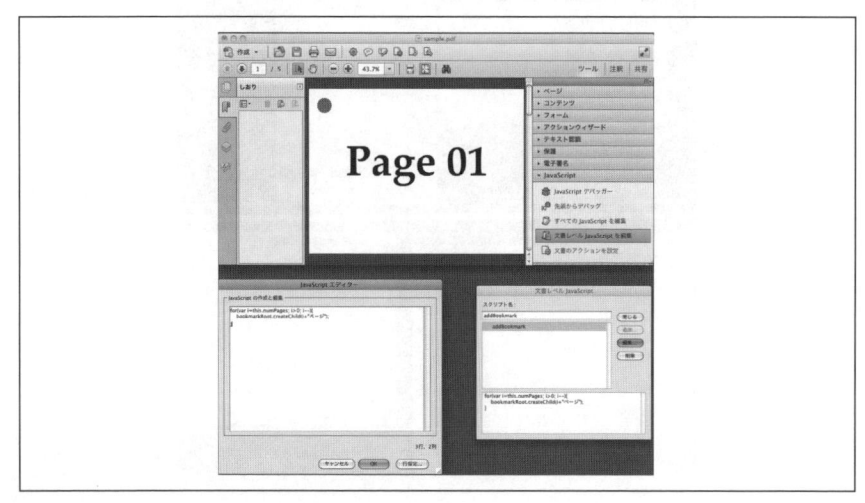

図 A-46 ここでは文書レベルに JavaScript を設定

図 A-47 JavaScript を実行するとページ数分だけしおりが自動生成される

以下のコードを文書レベル、フォームのボタン等に入力し実行するとページ数分だけ自動的にしおりが作成されます（図 A-47）。

```
for(var i=this.numPages; i>0; i--){
    bookmarkRoot.createChild(i+" ページ ");
}
```

A.8 スライドショー

PDF を開いたら一定時間ごとページを切り換えることができます。これは定期的に処理を行う setInterval() を利用します。なお、setInterval() の戻り値を変数に代入しないと動作が停止してしまう場合があります。また、setInterval() の最初のパラメータに無名関数を使用すると動作しないことがあります。

表示するページは this.pageNum で指定します。最大ページ数である this.numPages を超えたら最初のページに戻します。実際のプログラムは以下のようになります。これを文書レベルの JavaScript に記述すれば自動的にページを切り換えるスライドショーを実現できます。

```
function slide(){
    count++;
    if (count > this.numPages){
        count = 0;
    }
    this.pageNum = count;
}
var count = 1;
var timerID = app.setInterval("slide()", 2000);
```

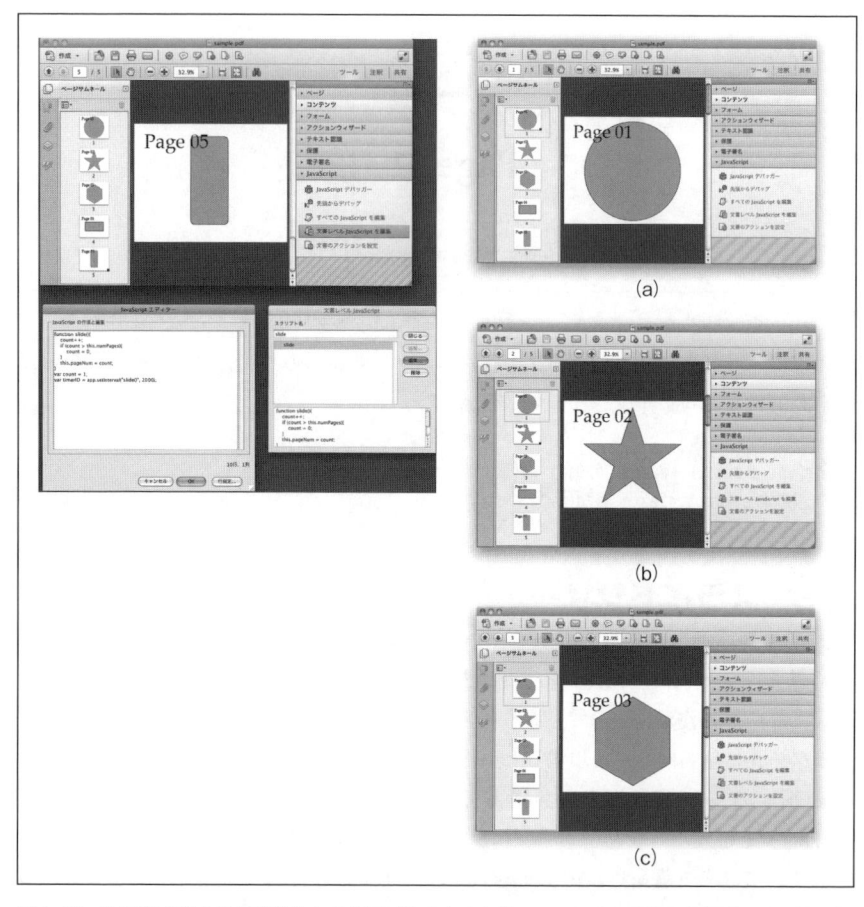

図 A-48　PDF 読み込み時に実行される必要があるため文書レベルに JavaScript を設定する（左上）。すると 2 秒ごとに表示されるページ (a) ～ (c) が切り替わる。

A.9　ゼロパディング

　PDF のフォームには標準でさまざまな表示形式を設定ができるようになっています。数値計算を行った結果、常に指定した桁数だけ表示したい場合があります。例えば 123 の数値であれば 00000123 のように常に 8 桁とし先頭に 0 を埋めます。
　Acrobat の JavaScript には C 言語の printf() と同様のメソッドがあります。これはユーティリティオブジェクトに用意されており、他にも日付をフォーマット（整形）して表示するものや文字列をフォーマットして表示するものがあります。

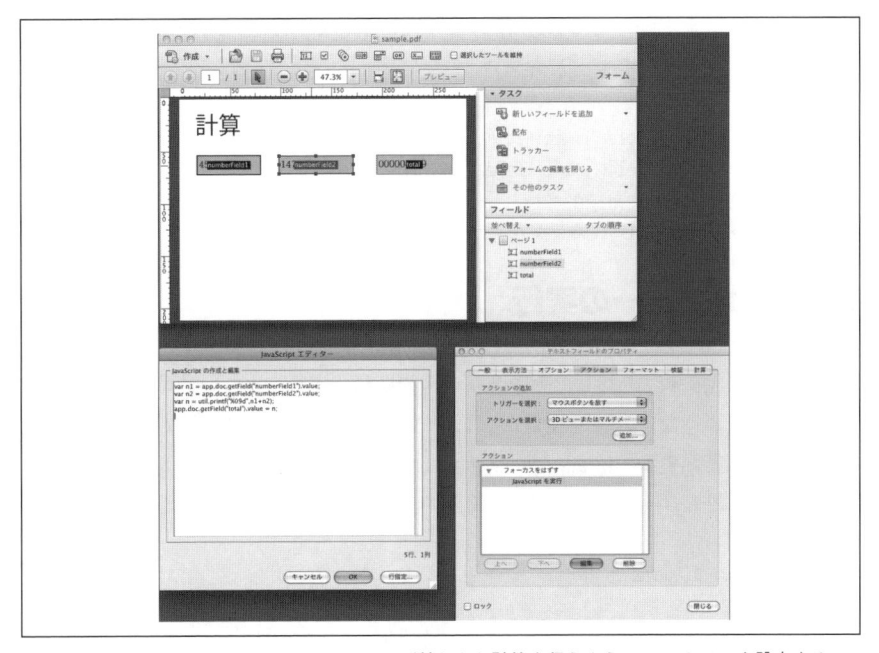

図 A-49　フォームのフィールドでフォーカスが外れたら計算を行うように JavaScript を設定する

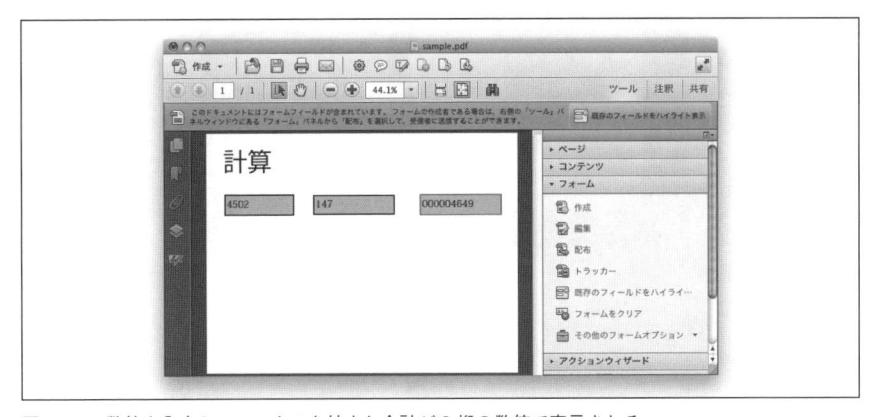

図 A-50　数値を入力しフォーカスを外すと合計が 8 桁の数値で表示される

　数値の場合は printf() を使い、書式をフォーマットします。printf() の最初のパラメータに表示フォーマットを指定します。以下のスクリプトは 2 つのフィールドの合計を求め、その結果を 9 桁で表示します。%012d とすれば 12 桁になります。小

数点以下を表示する場合には %08.3f のように指定します。この場合は 8 桁で小数点以下 3 桁まで表示されます（図 A-50）。

```
var n1 = app.doc.getField("numberField1").value;
var n2 = app.doc.getField("numberField2").value;
var n = util.printf("%09d",n1+n2);
app.doc.getField("total").value = n;
```

A.10　メニューの実行

Acrobat の JavaScript では app.execMenuItem() を利用して任意のメニューを実行することができます。ただし、セキュリティの関係で実行できないメニュー項目もあります。どのようなメニュー項目が実行できるかは表 A-2 を参照してください。メニュー項目を実行するには app.execMenuItem() に表 A-2 で示すパラメータを指定するだけです（図 A-51）。以下の例では文書のプロパティを表示します。

```
app.execMenuItem("GeneralInfo");
```

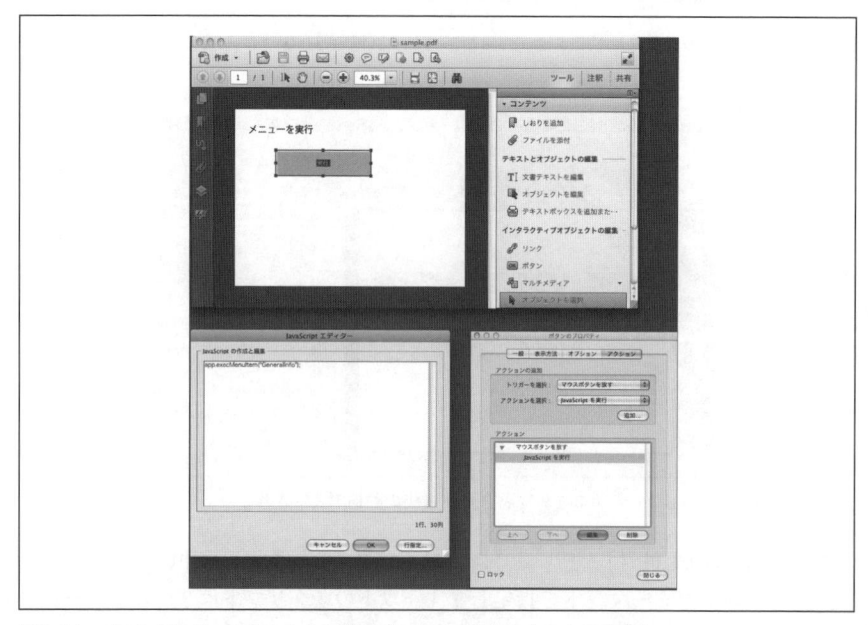

図 A-51　ボタンがクリックされたら文書のプロパティを表示するように設定

図 A-52　ボタンをクリックすると文書のプロパティが表示される

PDF 読み込み時や Acrobat 起動時に読み込まれるフォルダレベルの JavaScript で活用するとよいでしょう。

表 A-2　app.execMenuItem() で実行可能なメニュー項目とパラメータの対応表

メニュー項目	パラメータ
Acrobat＞Acrobat について	About
Acrobat＞Adobe プラグインについて	AboutAdobeExtensions
Acrobat＞環境設定…	GeneralPrefs
ファイル＞開く…	Open
ファイル＞作成＞ファイルから PDF	NewDocFromFile
ファイル＞作成＞画面キャプチャから PDF	ScreenCapture_Screen
ファイル＞作成＞ウィンドウキャプチャから PDF	ScreenCapture_Window
ファイル＞作成＞選択キャプチャから PDF	ScreenCapture_Selection
ファイル＞作成＞スキャナから PDF	Scan
ファイル＞作成＞Web ページから PDF...	Web2PDF:OpnURL
ファイル＞作成＞クリップボードから PDF	ImageConversion:Clipboard
ファイル＞作成＞ファイルを単一の PDF に結合…	NewDocCombineFiles

表 A-2　app.execMenuItem() で実行可能なメニュー項目とパラメータの対応表（続き）

メニュー項目	パラメータ
ファイル＞作成＞複数のファイルをバッチ作成…	CreateMultiplePDFFiles
ファイル＞作成＞ PDF フォーム…	AcroForm:Forms_CreateNewForm
ファイル＞作成＞ PDF ポートフォリオ	NewDocCreateCollection
ファイル＞保存	Save
ファイル＞別名で保存＞ PDF...	SaveAs
ファイル＞別名で保存＞サイズが縮小された PDF…	ReduceFileSize
ファイル＞別名で保存＞証明済み PDF…	DIGSIG:SaveAndAuthenticate
ファイル＞別名で保存＞ Reader 拡張機能が有効な PDF ＞文書（入力可能なフォームではない）でテキストの追加を有効にする…	Annots:ReaderEnableCTT
ファイル＞別名で保存＞ Reader 拡張機能が有効な PDF ＞注釈とものさしを有効にする…	Annots:ReaderEnable
ファイル＞別名で保存＞ Reader 拡張機能が有効な PDF ＞追加機能を有効にする…	DIGSIG:UBDoc
ファイル＞別名で保存＞最適化された PDF…	PDFOptimizer
ファイル＞電子メールに添付…	Email
ファイル＞復帰	Revert
ファイル＞閉じる	Close
ファイル＞すべて閉じる	CloseAll
ファイル＞プロパティ…	GeneralInfo
ファイル＞プリント ...	Print
編集＞コピー	Copy
編集＞全てを選択	SelectAll
編集＞選択を解除	DeselectAll
編集＞スペルチェック＞注釈とフィールドおよび編集可能なテキスト…	Spelling:Check Spelling
編集＞スペルチェック＞辞書の編集	Spelling:Edit Dictionary
編集＞簡易検索	Find
編集＞高度な検索	FindSearch
編集＞プリフライト…	CALS:Preflight
編集＞アクセシビリティ設定アシスタント…	Accessibility:Wizard

表 A-2　app.execMenuItem() で実行可能なメニュー項目とパラメータの対応表（続き）

メニュー項目	パラメータ
表示＞表示を回転＞右 90 度回転	RotateCW
表示＞表示を回転＞左 90 度回転	RotateCCW
表示＞ページナビゲーション＞最初のページ	FirstPage
表示＞ページナビゲーション＞前のページ	PrevPage
表示＞ページナビゲーション＞次のページ	NextPage
表示＞ページナビゲーション＞最後のページ	LastPage
表示＞ページナビゲーション＞ページ...	GoToPage
表示＞ページナビゲーション＞前の画面	GoBack
表示＞ページナビゲーション＞次の画面	GoForward
表示＞ページ表示＞単一ページ表示	SinglePage
表示＞ページ表示＞スクロールを有効にする	OneColumn
表示＞ページ表示＞見開きページ表示	TwoPages
表示＞ページ表示＞見開きページでスクロール	TwoColumns
表示＞ページ表示＞他のページとの間にスペースを表示	ShowGaps
表示＞ページ表示＞見開きページ表示で表紙を表示	ShowCoverPage
表示＞ページ表示＞自動スクロール	AutoScroll
表示＞ズーム＞倍率指定...	ZoomTo
表示＞ズーム＞100% 表示	ActualSize
表示＞ズーム＞ページレベルにズーム	FitPage
表示＞ズーム＞幅に合わせる	FitWidth
表示＞ズーム＞高さに合わせる	FitHeight
表示＞ズーム＞描画領域の幅に合わせる	FitVisible
表示＞ツール＞ページ	Tools_Pages
表示＞ツール＞コンテンツ	Tools_Content
表示＞ツール＞フォーム	Tools_Forms
表示＞ツール＞アクションウィザード	Tools_ActionWizard
表示＞ツール＞テキスト認識	Tools_TextRecognition
表示＞ツール＞保護	Tools_Protection
表示＞ツール＞電子署名	Tools_SignAndCertify
表示＞ツール＞文書処理	Tools_DocProcessing

表 A-2　app.execMenuItem() で実行可能なメニュー項目とパラメータの対応表（続き）

メニュー項目	パラメータ
表示＞ツール＞印刷工程	Tools_PrintProduction
表示＞ツール＞JavaScript	Tools_JavaScript
表示＞ツール＞アクセシビリティ	Tools_Accessibility
表示＞ツール＞分析	Tools_Analysis
表示＞注釈＞注釈	Comment_Annotations
表示＞注釈＞描画マークアップ	Comment_DrawingMarkup
表示＞注釈＞レビュー	Comment_Review
表示＞共有	_BasicSharePane
表示＞表示切り替え＞ナビゲーションパネル＞アーティクル	ShowHideArticles
表示＞表示切り替え＞ナビゲーションパネル＞コンテンツ	ShowHideContentPanel
表示＞表示切り替え＞ナビゲーションパネル＞しおり	ShowHideBookmarks
表示＞表示切り替え＞ナビゲーションパネル＞タグ	ShowHideTagsPanel
表示＞表示切り替え＞ナビゲーションパネル＞ページサムネール	ShowHideThumbnails
表示＞表示切り替え＞ナビゲーションパネル＞モデルツリー	ShowHideModelTree
表示＞表示切り替え＞ナビゲーションパネル＞レイヤー	ShowHideOptCont
表示＞表示切り替え＞ナビゲーションパネル＞移動先	ShowHideDestinations
表示＞表示切り替え＞ナビゲーションパネル＞順序	ShowHideOrderPanel
表示＞表示切り替え＞ナビゲーションパネル＞署名	ShowHideSignatures
表示＞表示切り替え＞ナビゲーションパネル＞添付ファイル	ShowHideFileAttachment
表示＞表示切り替え＞ナビゲーションパネル＞ナビゲーションパネルを隠す／表示	ShowHideNavigationPane
表示＞表示切り替え＞ナビゲーションパネル＞パネルウィンドウをリセット	ResetPanels
表示＞表示切り替え＞メニューバー	ShowHideMenuBar
表示＞表示切り替え＞定規とグリッド＞グリッド	ShowGrid
表示＞表示切り替え＞定規とグリッド＞グリッドにスナップ	SnapToGrid
表示＞表示切り替え＞定規とグリッド＞定規	ShowRulers
表示＞表示切り替え＞定規とグリッド＞ガイド	ShowGuides
表示＞表示切り替え＞定規とグリッド＞図面用に表示	Wireframe
表示＞表示切り替え＞カーソル座標	ShowInfo

表 A-2　app.execMenuItem() で実行可能なメニュー項目とパラメータの対応表（続き）

メニュー項目	パラメータ
表示＞閲覧モード	ReadingMode
表示＞フルスクリーンモード	FullScreenMode
表示＞トラッカー…	Annots:ReviewTracker
表示＞読み上げ＞読み上げを起動／終了	ADBE:ReadOutLoudOnOff
表示＞読み上げ＞このページのみを読み上げる	ADBE:ReadAloudStart
表示＞読み上げ＞文書の最後まで読み上げる	ADBE:ReadAloudToEnd
表示＞読み上げ＞一時停止	ADBE:ReadAloudPauseResume
表示＞読み上げ＞停止	ADBE:ReadAloudStop
表示＞文書を比較…	DIGSIG:CompareDocuments
ヘルプ＞Adobe Acrobat X ヘルプ	HelpUserGuide
ヘルプ＞電子書籍	startEBookServicesGroup
ヘルプ＞オンラインサポート＞サポート文書の検索…	KnowledgeBase
ヘルプ＞オンラインサポート＞Adobe サポートプログラム	AdobeExpertSupport
ヘルプ＞オンラインサポート＞Adobe User Community	AdobeUserCommunity
ヘルプ＞オンラインサポート＞アクセシビリティに関するオンライン情報	AccessOnline
ヘルプ＞アップデートの有無をチェック…	Updates

A.11　アクション／バッチ処理

Acrobat ではアクション／バッチ処理にも JavaScript を利用することができます。ここでは開いている PDF をフルスクリーンモードで表示するアクションを作成します。

まず、PDF を開きアクションウィザードから「新規アクションを作成」ボタンをクリックします（図 A-53）。

新規アクションを作成ダイアログが表示されるので左側のカテゴリからその他のツールを選択します。その中にある「JavaScript を実行」ボタンをクリックします（図 A-54）。するとステップに JavaScript が追加されますので、オプションボタンをクリックします（図 A-55）。

JavaScript エディターが表示されるのでフルスクリーンモードにする JavaScript を入力します。入力したらウィンドウを閉じ、「保存」ボタンをクリックします（図

図 A-53 「新規アクションを作成」ボタンをクリック

図 A-54 「JavaScript を実行」ボタンをクリック

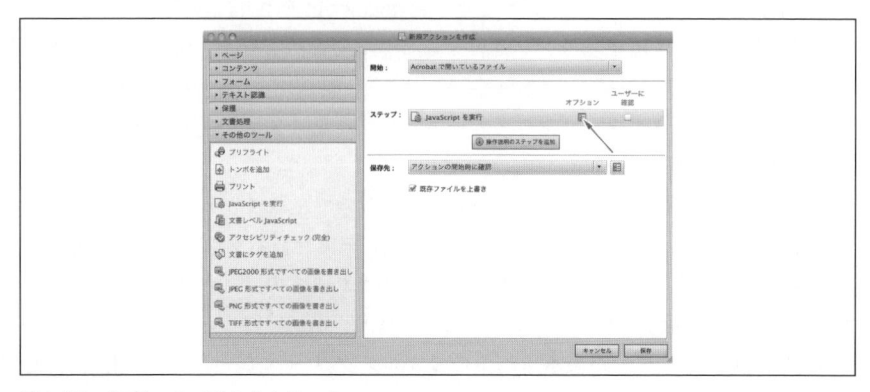

図 A-55 オプションボタンをクリック

A-56）。

アクションの名前と説明を入力し保存ボタンをクリックします（図 A-57）。

図 A-56　JavaScript を入力し（左）、「保存」ボタンをクリック（右）

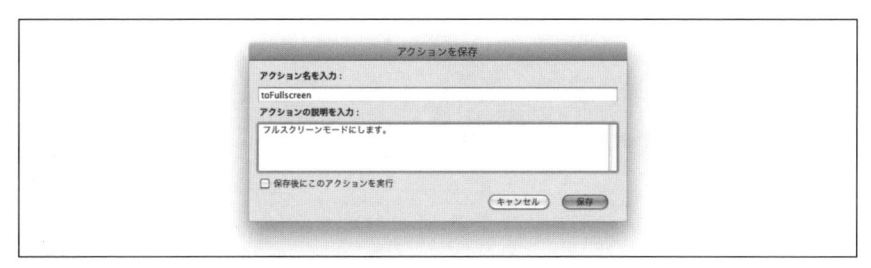

図 A-57　必要な項目を入力し保存する

図 A-58　作成したアクションをクリックして動作を確認する

図 A-59　「次へ」ボタンをクリックして実行する

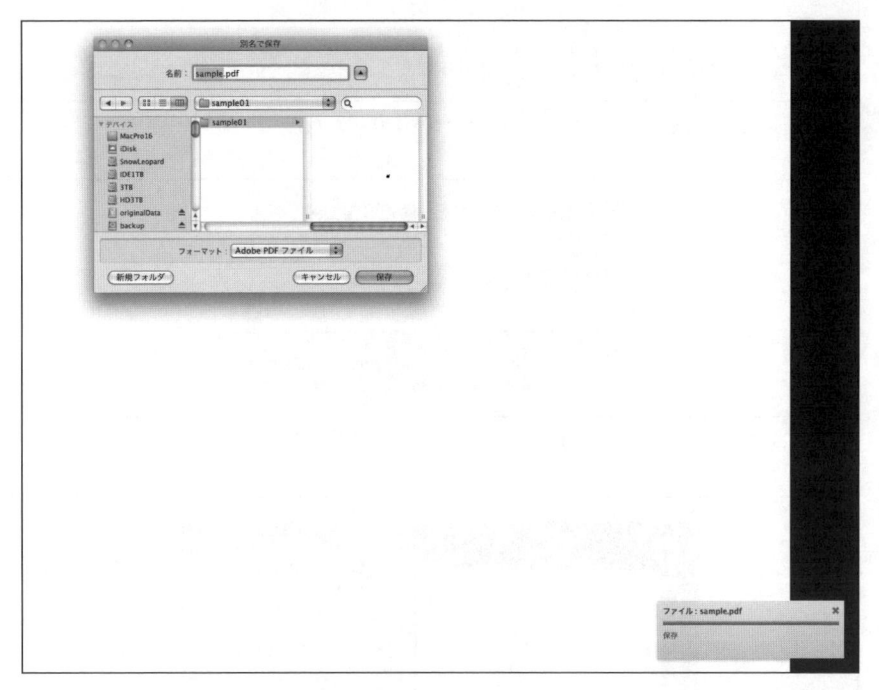

図 A-60　フルスクリーンモードになる

　するとアクションウィザードの欄に作成したアクションが登録されます。クリックして動作を確認します（figure A-58）。
　アクションダイアログが表示されるので「次へ」ボタンをクリックすると（図 A-59）、フルスクリーンモードになります（図 A-60）。場合によっては PDF を保存

図 A-61　アクションの処理が終了するとダイアログが表示される

するダイアログが表示されます（図 A-61）。アクションの実行が完了するとダイアログが表示されます。これで一連の処理が終わりました。

A.12　その他の JavaScript

Adobe Acrobat は PDF 内に JavaScript を埋め込むことができるだけでなく、アプリケーション実行時／起動時にも JavaScript を実行することができます。これは以下の場所に Acrobat 用の JavaScript を入れておきます。JavaScript は test.js のように拡張子を .js にしてフォルダに入れておけば Acrobat 起動後に自動的に読み込まれ実行されます。

- Mac OS X [†]
  ~/Library/Application Support/Adobe/Acrobat/10.0/JavaScripts
- Windows（Windows7）
  C:¥Users¥ユーザ名¥AppData¥Local¥Adobe¥Acrobat¥10.0¥JavaScripts

A.13　JavaScript コードを一括して削除する

Acrobat で設定した JavaScript が間違っていて、二度と開けない状態になってしまう場合もあります。例えば書類の閲覧期限を間違って設定してしまった場合です。こうなってしまうと Acrobat では JavaScript が動作してしまい、以後の修正ができなくなってしまいます。このような場合は環境設定で JavaScript の動作を禁止するか JavaScript だけを削除すれば解決します（図 A-62）。

環境設定で JavaScript の動作を禁止するには分類のペインから JavaScript のカテ

[†]　10.0 は Acrobat のバージョンを示す。9.0 なら ~/Library/Application Support/Adobe/Acrobat/9.0/JavaScripts。

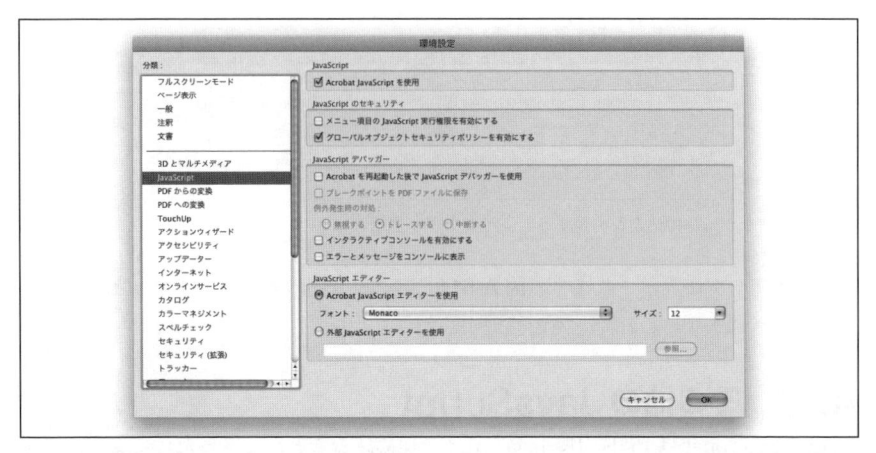

図 A-62　JavaScript が動作しないように設定する

ゴリを選択し表示される画面で「Acrobat JavaScript を使用」のチェックを外します。

　JavaScript を削除するには他の PDF ビューアなどのアプリケーションを利用します。JavaScript が動作しない PDF ビューア等で、再度保存し直せば JavaScript 部分が消されて保存されます（Mac OS X 版のプレビュー .app では消されます）。

付録B
電子書籍に便利なツール集

千住 治郎

本文でも述べているように、PDFとはページ記述に特化した一種のプログラミング言語です。現在では国際標準ともなっているPDF仕様を把握すれば、自在にプログラミング可能です。優秀なプログラマでもPDFの構造、各種オブジェクトの関係などを把握するためPDF仕様を都度参照しなければならず、初めは時間がかかるかもしれませんが、目的を絞った単機能コマンドなどは十分実装可能な範囲です。この付録ではPDFを処理するフリーソフトウェアをいくつか紹介するとともに、その処理対象であるPDFの構造についても簡単に説明を加えます。

紹介するフリーソフトウェアはいずれもソースコードが公開されていますから、PDF仕様と見比べながらの解析や、機能追加なども十分可能です。

B.1 文字列を検索する―pdfgrep

grep(1)とほぼ同じ感覚でPDFファイルから文字列を検索できます。

URL	http://pdfgrep.sourceforge.net/
記述言語	C++
使用ライブラリ	poppler（http://poppler.freedesktop.org/）

処理本体は実質的にpopplerというPDFレンダリングライブラリで行い、pdfgrepではpopplerの出力であるテキスト文字列に対しgrep(1)相当を実行しているに過ぎません。

具体的な処理内容は次の通りです。

1. 与えられたファイル名から`PDFDoc`クラスオブジェクトを作成。

2. `PDFDoc::getNumPages()` メソッドにより 1 ページずつループで処理。
   (a) `PDFDoc::displayPage()` メソッドによりページ内容を文字列へ変換。
   (b) `regexec(3)` により指定された正規表現を検索、一致すれば出力。

PDFDoc クラスは poppler ライブラリが実装するもので、上記のようにアプリケーションからは容易に利用できます。

しかし、日本語の場合は PDF 内で使用される文字コードと、pdfgrep に与える検索文字列の文字コードが一致しなければ、正しく検索されません。PDF 内部では UTF-16 を使用しますが、上記の処理内容で `PDFDoc::displayPage()` と `regexec(3)` の間に文字コードに対応するなどの処理を加えない限りは、日本語文字列の検索はやや難があります。また、上記アルゴリズムから自明ですが、検索文字列がページにまたがった場合も正しく検索できません。

pdfgrep 本体にはまだ難点がありますが、内部で使用する poppler ライブラリは PDF 解析エンジンとして注目に値します。

B.1.1　poppler ライブラリ

poppler は、本文でも紹介している Xpdf から派生したライブラリで、ライブラリとして独立させることで可搬性および保守性を高め、さらに fontconfig など外部ツールとの親和性を高めることを目的としています。

ライブラリソースには、ライブラリ使用のサンプルも兼ね、次のツールが付属しています。

pdfimages	PDF から画像を取り出す。
pdftops	PostScript 形式へ変換する。
pdftohtml	HTML、XML、PNG 形式へ変換する。
pdftotext	テキスト形式へ変換する。
pdftoppm	画像ファイルへ変換する。
pdffonts	フォント情報を出力する。
pdfinfo	文書情報を出力する。

最後に挙げた pdfinfo は本文「4.2　ドキュメント情報辞書」で解説している PDF 内の /Info の内容、その他を出力するもので、pdfgrep 同様に PDFDoc クラスオブ

ジェクトを作成し、`PDFDoc::getDocInfo()` メソッドにより `/Info` へアクセスします。PDF内のオブジェクトを解析し、辿る処理は poppler ライブラリがクラスにカプセル化しているため、容易に利用できます。本節では `PDFDoc` クラスの利用例を紹介しましたが、poppler ライブラリには他にも多くのクラス、メソッドが実装されています。

B.2 PDFを比較する—diffpdf

`diffpdf` は、2つの PDF ファイルを比較し、相違点をグラフィカルに表示します。`diff(1)` に GUI を追加した感覚で使用できます。コマンドラインインタフェース用には `comparepdf` があります。また、製品の Adobe Acrobat Pro にもほぼ同等の文書比較機能があります。

URL	http://www.qtrac.eu/diffpdf.html
記述言語	C++
使用ライブラリ	poppler（http://poppler.freedesktop.org/）

前節の `pdfgrep` 同様に PDF 解析エンジンに poppler ライブラリを使用していますが、GUI には Qt を用いています。poppler は Qt 用のクラスも実装しているため、これをそのまま用います。`diffpdf` のソースの大半は GUI 操作部分です。

`pdfgrep` では `PDFDoc` クラスを使用していましたが、`diffpdf` では `Poppler::Document` クラスを使用しています（namespace が Poppler）。インタフェースは Qt 用に変化していますが、内容的には `PDFDoc` クラスと同等です。

図 B-1 に示すように、2つの PDF の同じページ、同じ箇所を分かりやすく隣り合わせて並べ（ワイド画面向きかもしれません）、相違点をハイライト表示します。

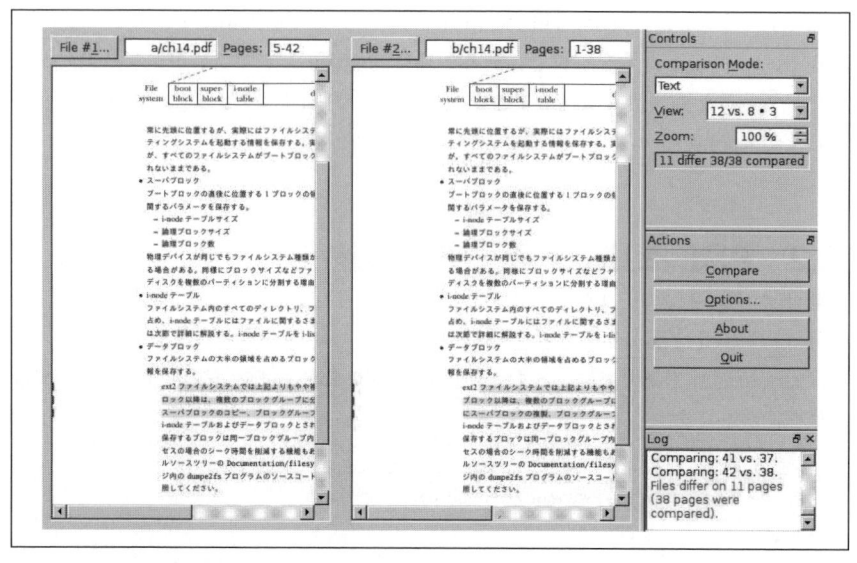

図 B-1　diffpdf の画面。相違点がハイライト表示される

B.3　pdftk の GUI―pdfchain

　本文でも頻繁に使用されている pdftk ですが、コマンドインタフェースにはやや慣れが必要かもしれません。基本的に UNIX コマンドはコマンドラインから使用するものですが、機能が増えるにつれコマンドラインの文法が複雑になる傾向があり、使い勝手が悪くなります。昔の find(1)（だったと思う）のマニュアルページの BUG の欄には「コマンドラインオプションの指定が複雑すぎる」などと書かれていました。

　pdftk に GUI を加え使いやすくしたコマンドが pdfchain です。機能的には pdftk と差はありませんが、操作しやすくなっています（図 B-2）。

　また、pdftk 同様にコマンドラインから PDF を操作するツールとして qpdf（http://qpdf.sourceforge.net）というのもあり、PDF 処理部分は libqpdf としてライブラリ化されています。

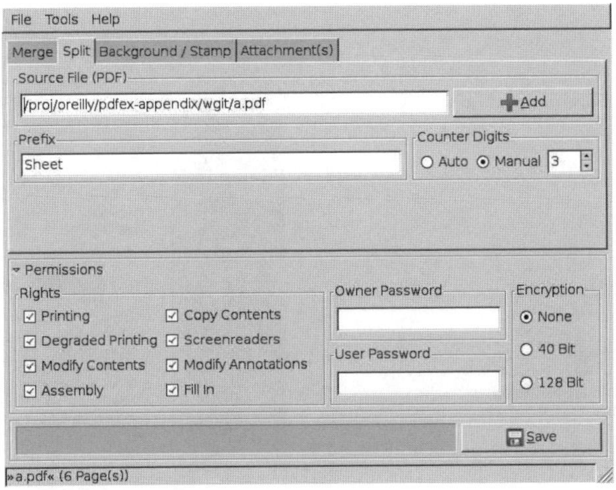

図 B-2　pdftk を GUI で操作できる pdfchain

B.4　WYSIWYG な PDF エディタ—pdfedit

　pdfedit は PDF の表示だけではなく、編集機能も備えたグラフィカルなエディタです。PDF オブジェクト構造を解析し、ツリー表示する機能もあります（図 B-3）。

URL	http://pdfedit.petricek.net/
記述言語	C++
使用ライブラリ	pdfedit library（pdfedit-core-dev）

　pdfedit 内部では Kernel, Script, GUI の 3 つのモジュールに分かれ、Kernel が解析エンジンに相当します。poppler 同様に Xpdf から派生しており、基本構造として C++ クラスとしてカプセル化する点は共通していますが、poppler のようには独立していません。

　表示された PDF ページ上をクリックしてテキスト入力できるなど、PDF エディタを名乗る程度の機能を備えていますが、現時点では日本語化は進められていない模様です。PDF オブジェクトを解析しツリー表示する機能は目を引きますが、ここでも日本語を表示してくれない点が残念です。

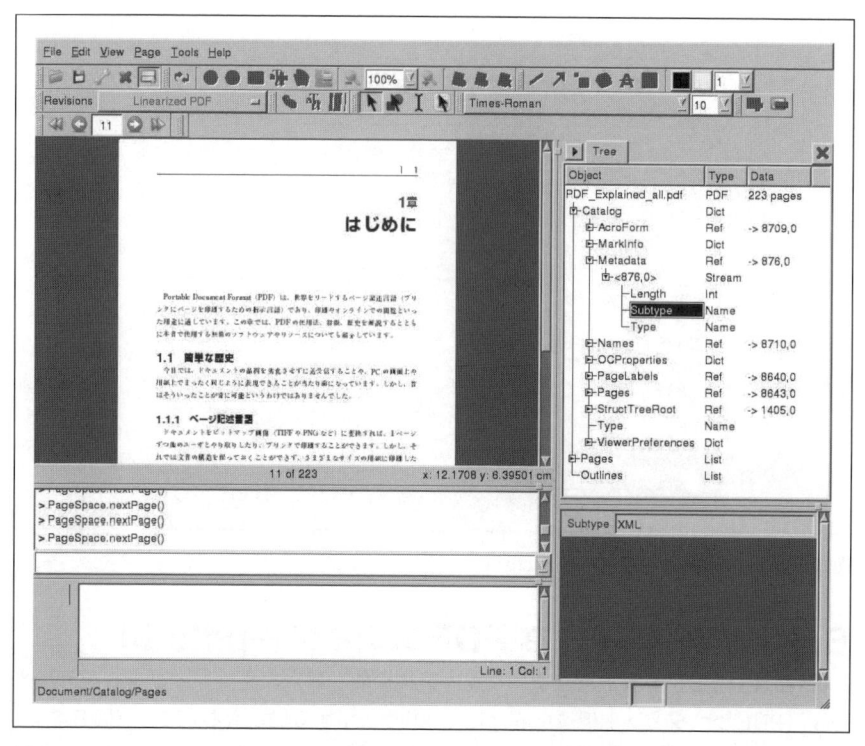

図 B-3　pdfedit は PDF オブジェクト構造を解析し、ツリー表示する機能も備える

　他に版管理機能を実装している点は pdfedit の目を引く特性です。版管理機能は、本文「3.5　インクリメンタル更新」で解説されている機能です。ただし、一般の独立した版管理ツールのような汎用性はありません。pdfedit の版管理機能では、新版、旧版を別ファイルに保存することも可能ですし、旧版を新版のファイル内に隠し持つことも可能です。

B.5　PDF の版管理機能—pdfresurrect

　pdfresurrect は前節の pdfedit でも触れた、PDF 自身が持つ版管理機能に特化したツールです。PDF の版管理機能はあまり利用されていないようですが、PDF 内部に保存されている版管理情報を解析し表示したり、あるいは旧版を取り出すなどの機能を持ちます。

URL	http://www.757labs.com/projects/pdfresurrect/
記述言語	C
使用ライブラリ	相互参照テーブルに特化した内蔵モジュール

PDF内に保存された旧版情報は通常表示されません。この点があまり利用されない理由かもしれません。また、数年前にはある企業が公開したMS Word文書では公開前に削除した秘密情報が改版履歴に残されていたという事件も実際にあり、ユーザが使用に不安を感じていることも、あまり使われない理由かもしれません。なんでも残せば良いと言うものでもありませんが、旧版を独立したPDF文書として保存しておくと、こんどはファイル管理の手間が発生します。一般に情報をどこにどのように保管／管理するかは、忙しい人にとっての工夫のしどころと言われますが、その選択肢の1つとしてPDFが持つ版管理機能を紹介します。

B.5.1 処理内容

本文「2.3.4 カタログと相互参照テーブル、トレーラ」が述べるように、PDFの相互参照テーブルはファイル末尾に置かれ、ファイルは%%EOFで終わります。旧版との差分はこの%%EOF以降に置きます。すなわちPDFファイルへの追加書きであり、差分のみを加え、それ以外の部分（%%EOFよりも前の部分）は変更しません。%%EOF直前には相互参照テーブルの開始オフセットを記述しますが、%%EOFよりも前の部分は変更しないため、オフセットも変化しません。詳細は「3.5 インクリメンタル更新」を参照してください。

PDFへの追加書きというと新規ページを末尾に追加するだけの機能のように思われるかもしれませんが、オブジェクトの参照関係の操作ですから、前の方にあるページ内容の変更、前の方にページを挿入など、柔軟な変更が可能です。

なお、pdfresurrectは単機能のため汎用のPDFライブラリは使用していませんが、C言語で記述されたPDFを操作するライブラリとしてはlibharu (http://libharu.org/) や、PDFビューア MuPDF (http://mupdf.com/repos/mupdf.git) 同梱のlibmupdfなどがあります。libmupdfにはPDFオブジェクトを解析、表示する単純コマンドpdfshowなども付属しています。

B.5.2　pdfresurrect の機能

pdfresurrect は版管理部分の解析に特化した単純コマンドです。的を絞っているため内蔵の PDF 解析モジュールも小規模かつ単純です。各機能とオプションは次の通りです。

-i	トレーラ辞書からドキュメント情報辞書（/Info）を辿り、その内容を表示する。
-w	追加書きされたオブジェクト、相互参照テーブルを解析し、旧版の PDF を取り出し、別途作成したディレクトリ下に保存する。
-q	追加書きされたオブジェクト、相互参照テーブルを解析し、PDF 内に保存されている版がいくつあるかを表示する。
-s	全オブジェクトを解析し、それぞれ新規追加、変更、削除などの操作種類とともに表示する。

例えば、PDF を公開する場合は `pdfresurrect -q` により版数を確認しておくと、前述の削除した秘密情報が旧版として意図せず保存されているなどの事故を防げます。

B.5.3　利用形態（案）

PDF 埋め込みの旧版の利用方法の1つに電子書籍が考えられます。発行済みの電子書籍の正誤表は著者や出版社が Web 上で公開すると言うのが一般的だと思いますが、電子書籍ならば正誤表を改版履歴として PDF 内に含められます。また電子書籍の購買者に対しバイナリパッチを送信し、購買後に新版に更新可能とするなどの利用も考えられます。この場合、上述のように新規オブジェクトを PDF ファイルへ追加し、相互参照テーブル内のエントリが新規オブジェクトを参照するだけの変更ですから、新版 PDF を丸ごと送るよりも、変更内容（バイナリパッチファイルのサイズ）がずっと小さく抑えられます。購買者が変更点を自分で確認できるようになる点も電子書籍ならではの利点と考えられます。

B.6　Perl の Text::PDF モジュール

PDF を直接操作する Perl モジュールもあります。

URL	http://www.cpan.org/modules/by-module/Text/MHOSKEN/
記述言語	Perl

新しいスクリプト言語が次々に登場し、その種類は年々増加しているようにも見えますが、Perlはすでにスタンダードの域に達していると言えるでしょう。インターネット上には膨大な数のPerlモジュール、ライブラリが公開されており、PDFを操作するPerlモジュールは複数存在します。

ここで紹介するText::PDFモジュールには次に挙げる3つのスクリプトが付属していますが、内部では前節で触れた版管理機能を利用しています。旧版を参照する際には、pdfresurrectで旧版を取り出すことも可能ですし、pdfeditの版を切り替え、表示する機能により視覚的に確認することもできます。またpdfresurrectで取り出した旧版PDFをdiffpdfで新版PDFと並べて比較することができます。

pdfbklt
: PDFをブックレット形式（2 in 1に似た形式）へ変換する。ページそのものの変更ではなく、各ページを縮小し2ページを1ページにまとめる、レイアウト上の変更である。2 in 1の新規ページを新版としてを追加書きし、PDF内に埋め込む。2度実行すれば、版が2つ作成され、4 in 1になる。使用フォントによってはファイルサイズが大幅に増加する場合がある。

pdfrevert
: PDFから最新版を削除し、1つ前の版へ変換する。すなわち、ファイル末尾から版1つ分の情報を削除する。結果的に旧版が見えるようになる。PDFの版管理機能は概念的にスタックのpush/pop操作に似ており、このコマンドはpopに相当する。

pdfstamp
: 全ページに指定された文字列を付加する。やはり、ページそのものの変更ではなく、文字列オブジェクトをPDFへ追加書きし、/Contentsへ追加した各ページも追加書きする。処理結果は新版となる。

また、サンプルとして次のスクリプトが添付されています。実際には動作しないものも一部にはあるようです。

- graph—方眼紙を作成する。

- `hello`—"Hello World" プログラム。
- `pdfaddobj`—指定したファイルをオブジェクトとしてPDFへ追加する。
- `pdfaddpg`—空白ページを挿入する。
- `pdfcrop`—各ページにトンボ（印刷時に用紙の位置を合わせるための目印）を追加する。
- `pdfgetobj`—オブジェクト番号を指定し、そのオブジェクトを取り出す。

B.7　電子書籍の管理—calibre

　PDF専用という訳ではありませんが、calibre（キャラバー）という電子書籍の管理に便利なツールもあります。電子書籍管理ツールはソフトウェアの中でも比較的新しいジャンルかもしれません。このcalibreは、多彩な機能を備えており、日本語化も進められています（図B-4）。

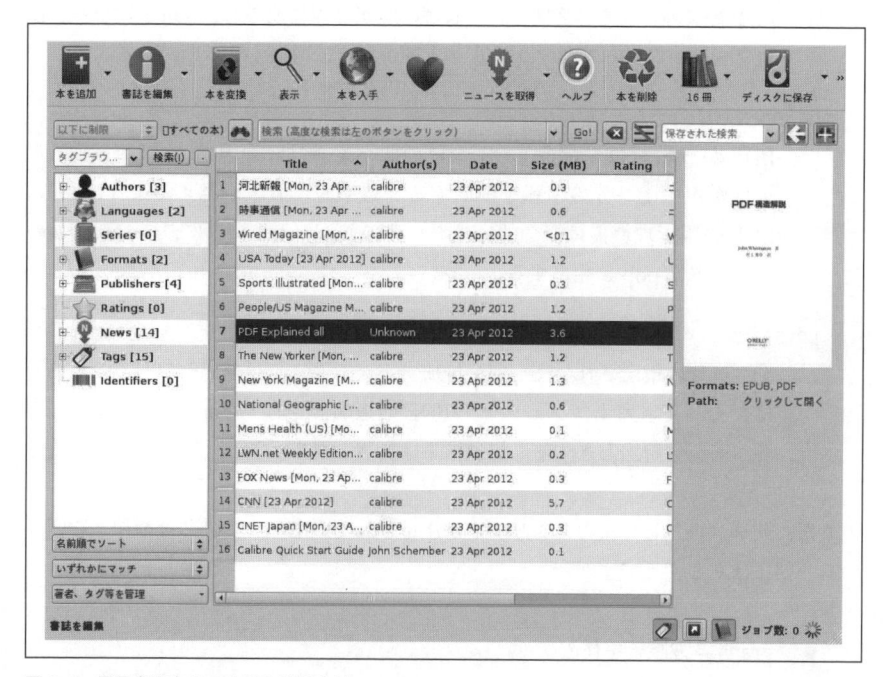

図B-4　電子書籍向けの多彩な機能を持つcalibre

URL	http://calibre-ebook.com/
記述言語	Python
使用ライブラリ	pyPdf（http://pybrary.net/pyPdf/）

　電子書籍の分野は PDF に限らず非常に活発です[†]。ファイル形式が若干乱立している印象もありますが、電子書籍が今後も発展を続けることはまず間違いがないでしょう（国内と海外では状況がやや異なるようですが）。電子書籍リーダーもさまざまな種類のものが登場しています。自宅の本棚が年とともに充実していくように、個人が所蔵する電子書籍も充実していくでしょう。そこでは保管、整理が問題となるかもしれません。ファイル形式や電子書籍リーダーの種類が多すぎることも一因になり得ますし、電子書籍リーダーで読みたいものには書籍以外にも新聞、雑誌のような短期間しか保存しない種類のものもあります。

　詳細は http://calibre-ebook.com/ を参照してください。

- 電子書籍ライブラリの分類、検索、管理
- 各種ファイル形式（20 以上）に対応
- 各種ファイル形式を相互変換
- インターネット上の雑誌やニュースをダウンロードし、変換／管理を行う。古いものは自動的に削除
- 各種電子書籍リーダーとの通信
- 電子書籍の表示
- Python ベースのカスタマイズ機能
- プラグインによる機能拡張

　その他の機能も充実していますが、まだ calibre 経験の少ない筆者では残念ながら十分にお伝えできません。calibre はユーザのさまざまな要望や使用形態に応えられるような多彩な機能を備えています。

[†] H24年3月にはあのハリーポッターシリーズが電子書籍化(EPUB)されるというニュースもありました。

索引

数字・記号

16 進文字列 44, 123

A

Acrobat Developer Center 166
AcroForms 12
Adobe Acrobat 162, 167-208
Adobe Reader 158
Adobe Reader Forums 165
Adobe のウェブサイトにあるリソース 165
app.execMenuItem() 199

B

B 木 61

C

calibre 218
cat キーワード 146
CID システム情報 122
CID フォント辞書 115, 121
CMAP 120
comparepdf 211
comp.text.pdf 165
CTM（現在の座標変換マトリクス）..................... 82

D

DeviceCMYK 80
DeviceGray 80
DeviceRGB 80

E

endstream キーワード 47
EOF マーカ 40

even 修飾子 147

G

GhostScript 51
grep 209
GSview 158

I

ISO 31980 と PDF ファイル形式 163
ISO 規格 4
iText ライブラリ 145

J

Java および C# 向けの iText 159
JavaScript
　　PDF 内部の構造 168
　　埋め込み 167-208
　　エディター 170
　　コードを一括して削除する 207
　　デバッグ 183

K、L

KPDL 2
libmupdf 215

M

Mac OS X 上の PDF 160
Mac OS X のプレビューを用いた編集 163
MuPDF 215

N、O

null オブジェクト 42
obj キーワード 39

odd 修飾子 147

P

PCL 2
PDF
    開発 2
    版管理機能 214
    比較する 211
    ビューア 157
    フォーム 14
    編集 162
    メリット 3
    ラスタ化によるイメージへの変換 161
PDF/A 5, 6
PDF/X 5, 6
pdfbklt 217
pdfchain 212
PDFDoc クラス 209
PDFDocEncoding 62, 100
pdfedit 213
pdfgrep 209
PDF Hacks 164
pdfopt 51
pdfresurrect 214
    機能 215
pdfrevert 217
pdfshow 215
pdfstamp 217
pdftk 19-33
    GUI 212
    入手 145
    ハンドル 146
    用いた作業 145-156
PDF から PostScript への変換 161
PDF ソフトウェア 157-166
PDF とグラフィックスの参考文献 163
PDF ファイル
    内部 8
    書き出し方法 53
    作成 19-33
    読み込み方法 52
PDF 読み込み時の JavaScript 埋め込み 179
Perl モジュール 216
Perl::Text モジュール 216
Perl を用いた PDF の処理 160
PHP 向けの TCPDF 159
Planet PDF Forums 165
poppler ライブラリ 210
PostScript 2
PostScript から PDF への変換 161

R、S、T

RC4 137
stream キーワード 47
TrueType 4
Type 1 フォント 4, 107

U、W、X

uncompress 修飾子 156
Unicode 4, 9, 62, 113
WYSIWYG な PDF エディタ 213
XML メタデータ 130
Xpdf 158

あ行

アウトライン項目辞書 127
アウトライン辞書 127
アクション／バッチ処理 203
圧縮 13, 156
アラートダイアログ 171
暗号化 137-144
暗号化されたドキュメントの編集 144
暗号化されたドキュメントの読み込み 142
暗号化されたファイルの復号化 154
暗号化辞書 141
暗号化手法 137
暗号化と復号化 154
一括して JavaScript を編集する 182
イメージ XObject 91
インクリメンタル更新 3, 49
印刷業界 14
埋め込みの基本 167
エスケープシーケンス 44
閲覧回数を表示する 191
閲覧期限を設定する 190
エンコーディング 120
オブジェクト 25, 35, 41, 50
オブジェクト番号 39
オプショナルコンテンツ 11
オペランド 72
オペレータ 72

か行

カーニング 103
改行 47
外部グラフィックスの状態 85
各バージョンの概要 7
カタログ 28
カラー 79

索引

カラースペース 10, 79
間接参照 42, 46
簡単な歴史 1
関連する話題 165
キーと値のペア 46
基本的なシンタックス 20
行末記号 24
空白文字 41
区切り文字 41
矩形 60
組み込みフォント 4
グラフ 39
グラフィックス 69-93
グラフィックスコンテンツ 26
グラフィックスの状態 72
クリエイター 10
クリッピング 84
クリッピングパス 84
グリフ 105
　　　調整 103
クロップボックス 60
現在の座標変換マトリクス（CTM） 82
検索可能テキスト 4
小塚ゴシック 120
小塚明朝 120
コマンドラインシンタックス 145
コンテンツ
　　　ドキュメント 20
　　　ページ 22, 23, 123
　　　ストリーム 69

さ行

再フロー 12
座標変換 82
サブセット化 220
参考文献 163-157
サンプルコード 115
シェーディングパターン 87
シェード 86
しおり 126, 188
　　　階層化テキストで書き出す 188
字句規約 41
辞書 42, 46
指数表記 43
実数 43
自動的にしおりを作成する 194
所有者パスワード 12, 138
処理内容 215
透かし 151
図形の塗りつぶし 77
スタンプ 151

ストリーム 42, 47
　　　辞書 70
　　　生成 3
　　　データ 70
スライドショー 195
制御点 75
整数 43
セキュリティ 12
世代番号 39
ゼロパディング 196
相互参照ストリーム 50
相互参照テーブル 24, 28, 35, 41, 215
その他の JavaScript 207
ソフトウェアライブラリ 159

た行

タイリングパターン 87
対話型フォーム 12
タグ付き PDF 12
注釈 131
直線化 3
直線化 PDF 50
直線化辞書 51
通常文字 41
テキスト 8, 95
　　　位置決め 98
　　　印字 97
　　　カーニング 103
　　　行マトリクス 98
　　　空間 97
　　　状態 96
　　　選択 97
　　　注釈 132
　　　抽出 112
　　　描画 99
　　　描画モード 104
　　　ベースライン調整 102
　　　マトリクス 98
　　　文字列 55, 62
デコード 48
デスティネーション 126
デバイス空間座標 82
デバッガーの起動 183
デバッグコンソール 186
電子書籍 14, 209-220
　　　管理 218
透明度 85
トークン 41
ドキュメント
　　　アウトライン 10, 59, 127
　　　暗号化 137-144

書き込み 143
カタログ 23, 28, 40, 56, 58
構造 23, 57-70
コンテンツ 20
情報辞書 56
ナビゲーション 125-136
分割 149
マージ 146
メタデータ 125-136
特殊な PDF 5
トレーラ 28, 35, 40
トレーラ辞書 23, 40, 56

な行

ナビゲーション 10
ナビゲーター 10
名前 44
名前ツリー 58
日本語の取り扱い 115
ノード 39

は行

背景 151
ハイパーリンク 10, 131
配列 42, 45
パスの生成と塗りつぶし 73
パターン 86
パターンセル 87
バックスラッシュ 43
ハンドル 146
日付 63
ビットマップ画像 1
ビューアプレファレンス辞書 58
ヒントテーブル 51
ファイル
　アタッチメント注釈 132
　暗号化 155
　印刷による PDF への変換 161
　構造 22, 35-53
　サイズ 220
　添付 134, 154
　フォーマット 15
　分割 150
　ヘッダ 25
　マージ 148
　レイアウト 35
フィルタ 47
ブーリアン値 42, 45
フォーマットの変換 160
フォーム XObject 89

フォームレベルの JavaScript 埋め込み 172
フォーラムとディスカッション 165
フォント 8, 95, 105, 220
　埋め込み 105, 110, 220
　エンコーディング 109
　辞書 26, 105, 119
　タイプ 106
　定義 105
　プログラム 105
フォントディスクリプタ 115, 122
　辞書 107
複合フォント 106
フルスクリーンモードにする 193
ブレークポイント 187
プレビュー 158
ブレンドモード 9
文書アクションでの JavaScript 埋め込み 169
文書のアーカイブ 15
ページ 59
ページ記述言語 1
ページコンテンツ 22, 23
　ストリーム 26
ページツリー 61
ページ範囲 146
ページリスト 23, 59
ページレベルの JavaScript 埋め込み 176
ベースエンコーディング 109
ベクタイメージ 9
ベジェ曲線 75
ヘッダ 35, 40
変換 82
便利な無償のソフトウェア 15
補足 33
ボックス 59
本体 35, 41

ま行

マージ 148
マルチメディア 11
メタデータ 1, 10
　ストリーム 130
　抽出と設定 152
メディアボックス 60
メニューの実行 198
文字セット 105
文字列 43
　検索 209

や行

有向グラフ 39

| ユーザ空間座標 82
| ユーザパスワード 12, 138
| 要素を組み立てる 24

ら行

| ラスタイメージ 10
| ランダムアクセス 3
| リソース 23, 25, 113

| 利用形態 216
| リンク 39
| リンク注釈 132
| 論理構造 12

わ行

| ワインディング規則 77

● 著者紹介

John Whitington（ジョン・ウィティングトン）
PDFの仕様を完全に取り込んだ数少ない実装の一つであるCamlPDFの開発者です。この実装はゼロからPDFファイル形式を実装したものです。著者はケンブリッジ大学を卒業した後、Coherent Graphics Ltd. を創業し、WinindowsやMac OS X、UNIX向けのコマンドライン版PDFツールやMac OS X向けのProview PDF Editorを開発しています。

● 訳者紹介

村上 雅章（むらかみ まさあき）
1982年　京都産業大学外国語学部言語学科卒業
1982年〜1999年　国内情報処理企業にてSEとして勤務
現在：ニュージーランドにて翻訳およびシステム開発に従事
訳書：『Java言語仕様 第3版』（ピアソン・エデュケーション）
『Java仮想マシン 第2版』（ピアソン・エデュケーション）
『達人プログラマー』（ピアソン・エデュケーション）
『ソフトウェア職人気質』（ピアソン・エデュケーション）
『XPエクストリーム・プログラミング懐疑編』（ピアソン・エデュケーション）
『ソフトウェア開発管理の要』（ピアソン・エデュケーション）
『Modern C++ Design』（ピアソン・エデュケーション）
『Tomcatハンドブック』（オライリー・ジャパン）
『Spidering Hacks』（オライリー・ジャパン）
『Google.電網打尽のインターネット掌握術』（オライリー・ジャパン）
『Hacking：美しき策謀——脆弱性攻撃の理論と実際』（オライリー・ジャパン）
『デザインパターンとともに学ぶオブジェクト指向のこころ』（ピアソン・エデュケーション）
『アート・オブ・プロジェクトマネジメント』（オライリー・ジャパン）
『イノベーションの神話』（オライリー・ジャパン）
『Boost － C++をチェーンアップする最先端ライブラリ』（ピアソン・エデュケーション）
『Tomcatハンドブック第2版』（オライリー・ジャパン）
『Mac OS X Cocoaプログラミング第3版』（ピアソン・エデュケーション）

『言語設計者たちが考えること』（オライリー・ジャパン）
『Hacking：美しき策謀第 2 版——脆弱性攻撃の理論と実際』（オライリー・ジャパン）
など

● 寄稿者紹介
古籏 一浩（ふるはた かずひろ）
48 冊目。PDF の JavaScript は初期の頃から Web サイト等を作成していたのですが、これまで執筆の機会がありませんでした。執筆の機会を与えて下さった関係者の方々に感謝いたします。PDF の JavaScript に関しては私のページでも掲載していますので是非、参考にしてください。
http://www.openspc2.org/reibun/AcrobatX/

千住 治郎（せんじゅ じろう）
獨協大学前田ゼミ卒。普及しているプログラミング言語以外にも APL など少数派の言語も経験する。昭和 63 年から UNIX を使用し始め、ソフトウェア開発を行っている。『PDF Hacks』訳者。

● カバーの説明
表紙の動物はコアリクイです。アリクイには、大型のオオアリクイ、中型のコアリクイ、小型のヒメアリクイの種類に分けられます。歯は退化しており、長い吻（ふん）をアリ塚に差し込み、長い舌を使ってアリやシロアリを舐め取ることで知られています。

　コアリクイは東南メキシコ周辺から中央アメリカ、さらには北ベネズエラから北ペルーにかけての西アンデスに生息する「キタコアリクイ」、そしてベネズエラ、トリニダッド、北アルゼンチン、南ブラジル、ウルグアイに生息する「ミナミコアリクイ」の 2 種類に分けられる。体長 50 ～ 90cm、尾長 40 ～ 60cm ほどで、一日の大半を樹上で過ごします。

PDF 構造解説

2012 年 5 月 22 日	初版第 1 刷発行
2022 年 4 月 19 日	初版第 6 刷発行

著　　　　者	John Whitington（ジョン・ウィティングトン）
訳　　　　者	村上 雅章（むらかみ まさあき）
発　行　人	ティム・オライリー
執 筆 協 力	古籏 一浩（ふるはた かずひろ）、千住 治郎（せんじゅ じろう）
印 刷 ・ 製 本	株式会社ルナテック
発　行　所	株式会社オライリー・ジャパン
	〒 160-0002　東京都新宿区四谷坂町 12 番 22 号
	Tel　（03）3356-5227
	Fax　（03）3356-5263
	電子メール　japan@oreilly.co.jp
発　売　元	株式会社オーム社
	〒 101-8460　東京都千代田区神田錦町 3-1
	Tel　（03）3233-0641（代表）
	Fax　（03）3233-3440

Printed in Japan　(ISBN978-4-87311-549-8)
乱丁、落丁の際はお取り替えいたします。

本書は著作権上の保護を受けています。本書の一部あるいは全部について、株式会社オライリー・ジャパンから文書による許諾を得ずに、いかなる方法においても無断で複写、複製することは禁じられています。